JN085460

つながる政治学［改訂版］

12の問いから考える

平井《Hirai》 一臣《Kazuomi》
土肥《Doi》 勲嗣《Kunji》
編

法律文化社

つながる政治学〔改訂版〕／目　次

【おすすめの文献】

法律文化社のウェブサイトにて、各章三冊の「おすすめの文献」をご紹介しております。
法律文化社トップページ→教科書関連情報または左記よりご覧ください。

プロローグ

まずは「食わず嫌い」にならないために

政治に目を向ける

本書が想定している読者は、これまで政治について書かれた本をまったく読んだことのないという人々である。そこには、大学に入ったばかりの新入生はもちろん、すでに社会に出て働いていたり様々な活動をしている人々、つまり「ふつうの市民」も含まれる。もちろん、個人差はあるだろう。新聞に目を通したり、テレビやネットで政治関係のニュースをこまめにチェックをしている人もいるだろう。いやいや、日頃のニュースなんかまったく関心なし。しいて言えば、芸能ニュースを見るくらいかな、という人もいるだろう。どちらかと言うと、後者のタイプの人が多いかもしれない。

しかし、ちょっと考えてみてほしい。新聞の第一面に目を通せば、そこには政治関連の記事が掲載されている。テレビのニュース番組でも、大きな災害などが起こらない限り、政治関連のニュースから始まることがほとんどだ。これはおそらく、政治というものが私たちの生活やこれからの社会のありように大きな影響を与えるからなのではないか。この間の新型コロナウイルス感染症問題により、日常生活の変容を迫られた経験から、政治と私たちの生活がいかに強く結びついているか、身に染みてわかった人も多いだろう。だとすれば、一人ひとりの生活者として、この社会を支える一人ひとりの市民として、政治というものに目を向けてみてもよいのではないだろうか。

とはいえ、多くの人にとって政治の世界はとっつきにくく小難しい世界なのかもしれない。また、個々のニュースを漫然と見ているだけでは、ニュースの背景や政治的出来事のもつ意味はなかなか理解しがたいのではないだろうか。

「食わず嫌い」にならないために

しかし、政治というものは、私たちに一生つきまとうものである。なので、まずは政治についての「食わず嫌い」にならないことが大事なのではないか。そのために、本書では、政治を理解するうえで必要な事柄について、素朴な問いを立ててみることから出発する。あなたなら、その問いにどのように答えるだろうか。本文を読まないで、自分なりの答えを考えてみよう。なかには、一言も言葉が浮かんでこない、という人もいるだろう。それでもいいので、うんうんと唸りながらでも答え探しをしてみよう。冒頭の「学ぶポイント」を参考にしてもらってもよい。ちょっと頭の体操を行ったあと、本文を読んでもらうことになる。問いに対してどんな答えが書かれているか、興味をもって読み進めてほしい。

ひとつだけ注意しておきたいことがある。実は、本文に書かれていることは、唯一絶対の答えではない。ありうる答えの一つではあるが、他の答えもありうるのだ。えっ、と思うかもしれないが、人間が織りなす複雑な政治の世界についての見方、考え方は決して単一ではない。様々な答えの可能性に開かれた柔軟な思考こそが、政治を理解するうえでは重要なのである。

「つながる政治」と三つの問い

政治の世界は、一人の人間の単独の行為によってつくり出されるものではなく、人々の様々なレベルでの共同の営みから生み出される。人々のつながりの集積が政治の世界だと言っていい。だとすれば、私たちが政治の世界とどのようにつながっているのかという問題関心が、政治を理解していくうえでの出発点となる。また、私たちが接する様々な情報や知識は、バラバラにあるのではなく、相互に結びついていたり影響を与えあったりしている。政治の世界を理解するには、一見バラバラに見える情報や知識を、自分なりにつなげて考えていくことが不可欠である。本書のタイトル「つながる政治学」には、私たちと政治とのつながり、政治に関する情報や知識のつながりという、二重の意味が込められている。

本書は三つの柱からなっている。第一の柱「身近な暮らしからの問い」では、私たちの実際の暮らし、日常の暮らしに政治がどのような影響を与えているのかを考えてみよう。ここでは、私たちの身近な問題である税金と政治の関係、ジェンダーを切り口とした人々の多様性と政治の関係、そして私たちが実際に暮らす地域の政治について取り上げる。

第二の柱「変容する世界からの問い」では、日本をとりまく世界の変容という観点から考えてみよう。在日駐留米軍が集中する沖縄から考える安全保障の問題、被爆国でありフクシマを経験した今日から考える「核の時代」、グローバル化する世界における経済と政治の問題、歴史認識問題を中心にした日本とアジアの関係、そして最後に、「国境」という問題を切り口にした国家間関係とは位相を異にした世界の可能性。

三つ目の柱「政治への問い／政治からの問い」では、政治についての基本的な見方について考えてみよう。日本を含む多くの国々が採用している民主主義の考え方と現状、民主主義を支える選挙という仕組みと可能性、私たちの生活を左右する政策がどのような背景と意図でつくられるのかという問題、そして最後に、そもそも私たちが政治を考えることがもつ意味とはどのようなことなのか、を取り上げている。

各章の冒頭にはそれぞれ、学ぶポイントを三つ示している。これを頭の片隅において読んでみてほしい。また、「考えてみよう」は、各章の復習でもあり、応用問題でもある。学習した内容を基に、みなさん自身が考察を試みてほしい。さらに法律文化社のウェブサイトでは、「おすすめの文献」として各章三冊の本を推薦している。もっと学びたいと思った人は、これらの文献の一冊でもいいので、ぜひチャレンジしてみてほしい。

以上が本書の構成である。言うまでもないことだが、本書の論点だけで、政治の世界についてのほとんどすべてのことを知ることはできない。むしろ政治の世界は複雑で多様であるので、本書で取り上げることができなかった論点は数多くある。また、最初に述べたように、本文の説明自体もまた問いに対するありうる答えの一つである。

一二の問いはみなさんの前の食卓に並べられた料理だとしよう。できれば食べ残すことなく完食してほしい。しかし、ざっと眺めてみて、どこから箸をつけるのかは自由である。一番大切なことは、みなさんが実際に食べて味わってみること、すなわち自分の頭で政治に関する物事を考えてみることなのだから。また、改訂版では、コロナ禍という私たちを取りまく厳しい状況のなかで、ぜひ考えてみてほしいいくつかの論点についてのコラムを追加した。まずコラムを読んで、みなさんの現在的関心を確かめたうえで、各章を読み始めてもいいだろう。本書に触れたことによって、みなさんが政治について自ら考えてみること、政治について周りの人々と話をしてみること、の入り口にしてもらえればと思う。

第I部
身近な暮らしからの問い

第1章

なぜ、税金を払うのか

学ぶポイント

- なぜ、税金は再分配されるのか
- 税金のあり方は、誰がどのように決めているのか
- 私たちにとってよりよい社会とはどのような社会なのか

1　税金がない社会は幸せなのか

北アメリカと南アメリカの間に北海道よりやや小さい面積をもつパナマ共和国がある。この国のある法律事務所から政治家や大富豪たちに関する多量の文書が流出し、世界中で話題となった（パナマ文書）。税金をまったく払わなくてよい、または税率がきわめて低い地域や国のことを**タックス・ヘイブン**（租税回避地）という。世界中の大富豪、金融機関、大企業は、自分たちの財産への

課税をできるだけ逃れるためにタックス・ヘイブンを活用していたのである。

課税を逃れたがる富裕層ほどではないかもしれないが、私たちは消費税・たばこ税・酒税などのいろいろな種類の税金を払っている。そのなかでも最も多く払うことになるのが所得税である。所得税は、アルバイト代、給料、商売で得られた利益などに課される税金である。アルバイト代や給料をもらったときに給与明細書をよく見ると、所得税がすでに引かれていることに気づくであろう。日本では、税金などが引かれた残りの金額が給与として支払われる仕組みになっている（源泉徴収）。自ら申告して税金を納める、または納めすぎたお金を返してもらう仕組みが確定申告である。

一回あたりの金額はそれほど多いとは感じないかもしれないが、人生のトータルで考えてみた場合、いったいどれくらいの金額を支払うことになるのだろうか。現在、日本で給料をもらって生活をしている人の平均生涯賃金は、高卒で二億円、大卒で二億五千万円といわれている。仮にその一割を納税するとすれば、生涯の納税額は二千万円以上となる。生まれてから百歳まで携帯電話の料金を毎月一万円払ったと仮定しても合計で一二〇〇万円であるから、平均的な給与生活者は少なくともそれ以上のお金を税金として払うことになるだろう。生涯にわたって多額の金額を払うことになるのに、私たちは税金についてどれほど詳しく知っているのだろうか。

税金を払わなくてよければ、そのお金を他のことに自由に使えるわけだから、税金がない社会もしくは支払う税金ができるだけ少ない社会の方が幸せな社会のように思える。大富豪や大企業がタックス・ヘイブンで課税を回避したように、私たちもできるだけ納税が少なくてすむ社会をめざすべきだろうか。ところが、私たちは学校の授業で**納税の義務**について学んだはずだ。日本国憲法第三〇条には「国民は、法律の定めるところにより、納税の義務を負ふ」と書いてある。パナマ文書の漏洩《ろうえい》によって課税されることを回避したお金持ちは非難される事態となったが、そもそもなぜ、私たちは生涯にわたって多額の税金を納めなければならないのだろうか。まずはそこから話を始めてみることにしよう。

2 なぜ、私たちは税金を払うのか

黒澤明監督の「七人の侍」という映画をみたことがあるだろうか。この映画の舞台は戦国時代の農村である。たわわに実った稲の収穫が迫るころ、野武士が村を襲ってくるという噂が村人に広がる。村人たちはいろいろと思案した結果、自分たちの村を野武士から守ってくれる侍を探すことにする。村人はお金をもっていないので、その代わりにご飯を腹いっぱい食べさせるという条件で七人の侍を雇う、というのが映画のあらすじである。

税金を私たちが払う理由のひとつは、七人の侍を雇った村人の行動に見出すことができる。すなわち、私たちは自分よりも力の強い人または集団に対して、自分の生命、家族、財産を自分たちで守ることができない。その代わり、武装した警察官、戦闘員（日本では自衛官）を雇うことによって、強盗や外国の侵略から自らを守っているのである。

しかし、七人の侍を雇った村人たちと私たちが異なる点がある。ひとつは、食事といった現物を支給するのではなくお金を支払って、私たちは警察官や自衛官を雇っている。また、私たちが直接雇っているのではなく、政府が間に介在している点も異なっている。すなわち、私たちは政府に税金を支払い、政府が警察官や自衛官に給与を支払っているのである。さらに異なるのは、政府は、警察官や自衛官だけではなく、教師、行政職員、ケースワーカー、消防士、検察官、裁判官など多様な公務員を雇っている。その数は全国で約三三二万人となり人口百人あたり二名から三名の数になる。

私たちは、自分たちではできない公共サービスの担い手として多くの公務員を雇っている。近代の国家は、国家そのものが人を所有しているわけではないため、その活動を担う人に給与を支払って雇わなくてはいけない。二〇世紀以降の国家は、治安と防衛だけではなく、社会保障、公共事業、教育などの多様な公共サービスを国民に提供している（福祉国家）。そのため、公務員の人件費以外にも、国民に対する年金や医療費などの多額の費用が必要となっている。私たちが国家の役割を認めるならば、国家の経費を誰かが負担しなければならず、そのために税金が必要となるのである。

ところで、みなさんは税金を積極的かつ自発的に払っているだろうか。むしろ、ただなんとなく、または仕方なく払っている人の方が多いのではないだろうか。税金は、払っても払わなくてもどちらでもよいという仕組みではなく、必ず払わないといけない。納税はそれぞれの裁量に委ねられた恣意的な行為ではないのである。もし払うべき税金の支払いを拒んだら、財産が差し押さえられるなど強制的に徴収されることになる。そのためか、税金は、自ら進んで主体的に払っているというよりは、政府からとられているというイメージをもっている人が多いのかもしれない。

税金の特徴のひとつは無償性である。たくさん納税をしたからといってその分、公共サービスが優遇されるわけではない。納税ができるほどの所得がない人でもたくさん納税した人と同じように公共サービスを受けることができる。払っても払わなくても同じサービスが受けられるのだから、税金をまじめに納めることは損をしているのではないかと考える人も出てくるだろう。携帯電話の契約とは異なり、納税と公共サービスは非対称的な関係にある。納税をできるだけ避けたいという心理は、その見返りが期待できないという税金の特徴に起因しているといえる。

納税額の多い少ないに関係なく不特定多数の人々に提供される公共サービスとは何か。日本政府の一般会計（二〇二一年度）を例に考えてみると、約三分の一は年金、医療、介護、社会福祉、生活保護などの**社会保障**（三三・二八％）に使われている。次に多いのが、借金の返済にあたる国債費（二二・三％）である。日本の予算は税収だけではまかなえず借金に頼っている。借りたお金は利子をつけて返さないといけないため、借金の返済と利子の支払いに全体予算の五分の一以上のお金を使っている。三番目は地方に交付される**地方交付税交付金**（一五・〇％）である。そのほか、公共事業（五・七％）、文教および科学振興（五・一％）、防衛関係費（五・〇％）の順になっている。

ここで特に注目しておきたいのは、年々支出が増加している社会保障である。日本の総人口が減少しているにもかかわらず、支出が増加しているのは、年金や医療を必要とする高齢者が増え続けているからである。働けなくなった高齢者の多くは、所得がなくなるため年金に頼らなければ生活ができない。年金は、現役世代が支払った保険料だけでは成り立たないため、税金で補填されている。医療保険についても病気や怪我で医療を必要とする利用者分を健康な人が負担する仕組みになっている。何らかの理由で収入や貯金がない人は生活保護を受給している。すなわち、所得が少ない、またはまったくない生活困窮者を、より健康で若い勤労者が支えている仕組みが社会保障である。税金は、実質的にお金に余裕がある人から余裕がない人へ所得を再分配する役割を担っているのである。

3　なぜ、税金を再分配するのか

自分で働いて稼いだお金の一部がまったく見ず知らずの他人の財布に入ることに納得できない人もいるだろう。税金を再分配する理由を考えるため、日本政府の税収（二〇二〇年度）の内訳を見てみよう。消費税（三四・二％）、所得税（三〇・七％）、法人税（一九・〇％）の順となっている。所得税は、すでに述べたとおり、個人の所得に対して課される税金である。消費税は、一部の例外的な品目を除き、物品、サービス等の消費一般を課税の対象としている。法人税は、法人の企業活動により得られる所得に対して課される税である。つまり、所得の多い個人・法人、消費の多い消費者が税金をより多く負担していることになる。

誰がどのように税金を払うべきなのかという議論をめぐっては、基本的な二つの考え方がある。ひとつは、能力に応じて税金を負担すべきという考え方である。この考え方だと、お金持ちからはより多く徴収すべきとなる。もうひとつは、公共サービスなどの恩恵を受けている人が、その受け取る利益に応じて負担すべきであるという考え方がある。この考え方だとお金持ちでない人も負担すべきとなる。このような考え方は、徴収の方法にも反映されており、所得が高い人ほど税率が高くなっている課税の方法を**累進課税**という。所得税に適用されている。他方で、所得の少ない人にとっては実質的により厳しい課税となるものを**逆進課税**という。その典型が消費税である。すなわち、所得税の増税は高所得者に、消費税の増税は低所得者により負担が重い税制といえるだろう。

なぜ、税金を再分配するような仕組みが採用されているのか。私たちは市場社会を前提として生活をしている。市場社会ではお金を媒介にしていろいろな商品が取引されている。多くの人は、労働力を売って賃金を得ており、家賃または住宅ローン、水道代、電気代、ガス代、携帯電話代を払い、衣服や食べ物を買って生活している。しかし、何らかの事情で働けなくなり収入が得られなくなった場合、どうやって生きていけばいいのか。市場社会は競争の社会であり、**自己責任**の社会である。市場社会でうまくいかない人は、孤立し飢えて死に絶えるしかないのであろうか。私たちは日々の生活のなかでいろいろな不安を抱えながら生きている。病気にならないか、事故に遭わないか、失業しないか、倒産しないか、収入は減らないか、病気や事故で障害をもたないか、退職後の生活費はどうするのか、介護は誰がやってくれるのか。つまり、生きていれば誰もがもちうるこれらの不安をできるだけみんなで軽減する仕組みが税なのである。

税とは、市場社会において人間の尊厳が損傷されることを回避する仕組みである（伊藤・二〇一七）。資本主義社会では、成功をおさめた人は裕福に、失敗した人は貧困となる。富裕層になれる人はきわめて少数であり、貧困層に位置づけられる人は多数である。さらに所得の格差は、世代を超えて遺伝的に継承され、日本でも拡大し続けているといわれている。すなわち、お金持ちの親をもつ子はお金持ちに、貧しい親をもつ子は貧しくなるというのである。市場社会を前提として生きている私たちが人間としての尊厳を損なうことを避けるために制度化されたのが、医療保険、年金保険、生活保護などの所得の再分配の仕組みである。誰もがこれらの仕組みを利用できるために、私たちは税金を払っているのである。すなわち、まったく見ず知らずの他人が支払ったお金が、困っている自分を助けるお金となりうるのである。

税金の再分配は地域の間でもみられる。日本政府の歳出で三番目に多いのは地方交付税交付金であった。日本には四七の都道府県、一七四一の市区町村がある。人口が集中し、大企業の本社が多くある東京都など税収が豊かな自治体もあるが、そうではない地域の方が多い。税収が豊かな地域では十分な公共サービスが供給され、税収が乏しい地域ではそれが満足に受けられないという地域間の格差は生じてもいいのだろうか。そのような事態を回避するために、豊かな地域からより多くの税金を集めて、豊かでない地域へ再分配する仕組みが地方交付税交付金である。税は、人と人の間だけでなく、地域間においても再分配されているのである。

4　財政民主主義とは何か

これまで税金を私たちが払う理由について考えてきた。私たちは税金を払う納税者（タックス・ペイヤー）であるとともに、税金を使う利用者（タックス・ユーザー）であるということを確認してきた。しかし、私たちと税金の関係はそれだけではない。次は、税金のあり方がどのように決まっているのかを考えてみよう。

そもそも政府が税金を課すということは、私たちの財布の中身、すなわち財産権を制限することを意味する。お金が不足したからといって政府が勝手に税率を上げることはできず、必ず法律に基づかないといけない。これを**租税法律主義**という。日本国憲法第八四条は「あらたに租税を課し、又は現行の租税を変更するには、法律又は法律の定める条件によることを必要とする」と明記している。租税の賦課や徴収に関する重要な事項は、すべて国会が法律によって決めなければならない。このような税金をめぐる私たちと政府との約束は、長い年月を経て、時の権力者から勝ち取ってきた人類の英知といえる。

その遺産は誰もが目にすることができる。東京都千代田区永田町には国会議事堂がある。国会は、投票によって国民から選ばれた議員が集まるところである。投票で選出された議員が集まる議会は、国会だけではなく、四七都道府県ごと、また一七四一市区町村ごとにある。全国のいたるところにある議会はそもそも何のためにあるのか。

八百年ほど前の中世ヨーロッパのイギリスの話である。戦争を継続するために重税を課した当時の国王ジョン王に対して、新たに課税する際には国全体の高位聖職者と大貴族の協議と承認が必要であるという文書を貴族たちは認めさせた。これがイングランド憲政史上最も重要な文書といわれる大憲章（マグナ・カルタ）である。しかし、その半世紀後、大憲章を無視した国王ヘンリ三世が重税を課したため、貴族は反乱を起こし、各身分の代表がそれぞれの特権に基づいて構成される身分制議会が招集された。この議会は国王の課税を承認する機関となり、イギリス議会の起源となった。

それから約五百年後のことである。戦争による財政赤字を解消するため、イギリス議会はアメリカ植民地に重税をかける法律を次々に制定した。あらゆる印刷物に印紙を貼ることを義務づけた印紙法はそのひとつである。アメリカ植民地の人々は、「代表なくして課税なし」のスローガンのもと、イギリス製品の不買運動を展開し、印紙法を撤廃させた。しかし、これに懲りないイギリス議会が、アメリカ植民地への茶の直送・独占権をイギリス東インド会社に付与する茶法を制定したため、アメリカの市民がボストン港に停泊中の船を襲う事件を起こした（ボストン茶会事件）。この事件をきっかけに独立の機運が高まり、イギリス本国に抗議するために一三植民地の代表による大陸会議が開催された。この会議は、アメリカの中央政府的な役割を果たし、独立後の合衆国議会の起源となった。

イギリスとアメリカの歴史をみれば、同意なき課税が議会誕生の契機のひとつとなっていることがわかるだろう。納税者またはその代表者の意向に基づいて財政のあり方を決める。このような考え方のことを**財政民主主義**という。財政民主主義の考え方は現代の多くの国や地域に普及しており、日本においても制度化されている。日本国憲法は「国の財政を処理する権限は、国会の議決に基いて、これを行使しなければならない」(第八三条)、さらに「国費を支出し、又は国が債務を負担するには、国会の議決に基くことを必要とする」(第八五条)と規定している。

それでは日本の財政は民主主義の考え方に基づいて決定されているのだろうか。日本では、四月から翌年の三月末までの一年間をひとつの単位とする単年度主義を採用している。翌年度の予算は、五月頃から各省庁単位で次年度に必要な経費を積算し、各省庁の概算要求をまとめた財務省案が一二月に提示され、それをもとに政府案が一二月下旬に決定される。翌年一月から三月までの間、まず衆議院、その後、参議院で政府案が審議、可決され、翌年度の予算が成立する。

しかし、この一連の予算編成には財政民主主義という観点からいくつかの問題が指摘されている。ひとつは、一年間のうち五月から一二月の約八カ月間という多くの時間が政府の内部の閉じた空間で決められている。途中の段階でマスコミを通じて発表されるが、一般の人たちが予算編成に直接関与できる機会はまったくない。他方で、国会で実際に審議される時間はきわめて短い。日本の国会は委員会中心主義を採用しているため、政府案はまず予算委員会で集中審議され、本会議で可決される。衆議院予算委員会の審議期間は、通常二月の約一カ月間である。仮に参議院で否決されたとしても、衆議院で可決された予算が翌年度の予算として自然成立するため(**衆議院の優越**)、予算案の事実上の審議は衆議院予算委員会の約一カ月に限定されているともいえる。すなわち、予算の編成は、政府内部のお役所で決められる期間が長いのに対して、納税者の代表者が集まる国会で議論する時間は短いのである。

みなさんも予算委員会の審議の様子をテレビでみたことがあるかもしれない。議論されている内容は予算案とは直接関係のない話の方が多いことに気づくだろう。国会の議員構成は、国政選挙が実施された時点でほとんど決まっている。日本では衆議院で多数派を形成した政党の代表が内閣総理大臣に指名されている（**議院内閣制**）。そのため、与党の議員が多数派を占める本会議で政府案が覆ることはもちろん、修正されることもほとんどない。つまり、日本の予算は、国会に提出される前の財務省案、それが微修正された政府案の段階でほとんどが決まっており、国会では実質的な審議はなされず、政府案を形式的に追認しているだけにすぎないのである。

日本政府が課する税金のあり方は、日本国憲法にあるように国会の議決によって決まる。自身の良心や見識に基づいて事案ごとに行動する国会議員はきわめて少数で、所属する政党の方針に従って行動する議員がほとんどである（**党議拘束**）。また、私たちは国だけではなく地方自治体に対しても多額の税金を納めている。およそ三年から四年に一回実施される国政選挙（衆議院議員、参議院議員）と地方選挙（都道府県知事、都道府県議会議員、市区町村長、市区町村議会議員）は、単に国民や住民の代表を選んでいるだけではない。選挙における投票は私たちが支払った税金のあり方を決める貴重な機会でもある。あなたが有権者であれば、各政党や候補者の**マニフェスト**（政策の公約）をよく読んで、税についての見解を見比べたうえで投票に行くことが大事である。

ただし、私たちが税金のあり方を左右できるのは選挙における投票行動が唯一の方法ではない。国会、都道府県議会、市区町村議会、いずれも議会は開かれている。私たちは地方議会を直接傍聴することができる。またはネット中継、動画、議事録で議会の様子を知ることができる。**情報公開制度**を使えば行政内部の資料も閲覧することができる。国民や住民から意見を募る制度（**パブリックコメント**）に積極的に参加してみよう。SNS、署名活動、投書、デモ、陳情などによって世論を自分の力で直接喚起することも効果的である。例えば、子どもを保育園に預けられなかった母親が書いたブログの内容がSNS上で話題となり、国会でも取り上げられ、日本政府および地方自治体は、待機児童問題についてより積極的な対策を求められるようになった。SNSは社会を変える手段にもなる。私たちが税のあり方に関わる方法は、投票行動以外にもいろいろと身近にあるようだ。

5　私たちはどのような社会を望むのか

本章では、なぜ私たちは税金を払うのか、という問いについて考えてきた。その答えを一言で表現するとすれば、私たちにとってよりよい社会をつくるためといえるのかもしれない。しかし、どのような社会がよりよい社会といえるのか。この問いに答えることはなかなか難しい。なぜなら、人それぞれの立場によって答えが異なるからである。ある人は、公共サービスの質や量がある程度低下したとしても、税金の負担がより小さい社会をよりよい社会と考えるかもしれない。他方で、税金が高くてもいいから、誰もが温かいご飯が食べられ、安全なところで寝泊りができる社会をよりよい社会と考える人もいるだろう。本章の最後によりよい社会とはどのような社会なのかを構想してみることにしよう。

例えば、高校や大学の授業料が無償化される社会はよりよい社会といえるだろうか。日本の人口は二〇〇八年の一億二八〇八万人をピークに減少を続けており、国立社会保障・人口問題研究所によれば、二〇二六年には一億二千万人を下回り、四八年には一億人を割り込み、六〇年には八六七四万人になると推計されている。つまり、半世紀でピーク時の約三分の二の人口に減るといわれている。

日本では生まれてくる子どもの数が毎年減少し続けている。女性が子どもを出産しない理由はいくつかあるが、お金の問題はその一つである。子ども一人を育てるのにかかる費用（基本的養育費）は約一六四〇万円といわれている。さらに教育費は幼稚園から大学まですべて公立だった場合約一千万円、すべて私立だった場合には約二四一八万円が必要になる。すなわち、大学を卒業するまでの養育費と教育費を合計すれば最低でも二六〇〇万円、多い場合には四千万円がかかることになる。平均的な給与生活者の生涯賃金の一割から二割が必要となる計算である。特にお金が必要となるのが高校生から大学生の七年間の時期である。教育費だけでも六百万円以上が必要となる。このため学費を払えなくて大学への進学を断念する人も多いだろう。また、大学に入学したとしても奨学金という名の学生ローンを借りて、卒業後、返済に苦しむ人も少なくない。このような事情を考えれば、子どもがほしくてもあきらめる夫婦が多いのが日本の現実である。

他の国でも事情は同じだろうか。日本政府の公的支出全体に占める公教育支出の割合は他の国と比べると非常に小さく、先進国では最低水準であることが指摘されている。公教育費への支出が少ない理由のひとつは、私たちの多くが大学教育の費用負担を社会全体ではなく個人や家族が担うべきだと考えているからである。日本は医療・年金に比べて教育への関心が低い社会といわれている（**教育劣位社会**）。他方で、高校や大学の授業料を無償化する場合、その財源をどうするのか、そのための増税や借金を私たちは容認できるのかという課題に直面する。私たちの見識とそれに伴う行動は、日本政府や地方自治体の予算配分だけではなく、社会のあり方そのものを決めているのである。

政府が公教育費に多くの予算を支出しているスウェーデンの例を考えてみよう。スウェーデンでは、教育にかかる費用だけではなく、医療や福祉にかかる費用がほとんど無料である。子どもから高齢者まで安心して暮らせる社会がスウェーデンの社会といえる。そのかわり、国民の税金の負担はきわめて大きい。日本の消費税にあたる付加価値税の税率は二五％である。租税負担率に社会保障負担率を加えた割合を国民負担率というが、財務省のデータによれば、五八・八％のスウェーデンは四四・三％の日本よりはるかに大きい（二〇一八年）。スウェーデンは、市場社会における政府の役割が大きく、国民全体で**助け合う社会**といえるだろう。

他方でアメリカはそうではない。大統領選挙では、政府がどこまで市場や国民に関与すべきかが争点となっている。二大政党のひとつ民主党は、増税してでも政府の役割を大きくすべきだと主張する。アメリカは、先進国では例外的に、公的な保険制度がなかった国であったが、二〇一〇年当時のオバマ大統領は医療保険加入を国民に義務づける制度を創設した（オバマケア）。対抗する共和党は、増税から減税へ、大きな政府から小さな政府への移行を主張し、オバマケアの見直しをめざした。アメリカの国民負担率は三一・八％で日本よりもさらに小さい。総じて、アメリカは個人の自己責任、**自助努力**が重視される社会といえる。

私たちは、**高負担高福祉**のスウェーデンのような社会をめざすべきか、それとも**低負担低福祉**のアメリカのような社会をめざすべきだろうか。いずれにしろ、税を考えるときに大事なことは、私個人にとってだけではなく、私たち全体にとって、どのような社会が望ましい社会なのかを構想する視点である。社会にはまったく同質な個人がバラバラに存在しているわけではない。多様な個人が有機的に繋がっているのが社会である。私たちがよりよい社会を構想するとき、自分だけの損得勘定だけではなく、私とは異なる他者との関係はどうあるべきか、さらに私たちにとって税がどのような意味をもつのかを考える必要があるだろう。なぜなら、税とは、私と他者、すなわち私たちの関係を構築する仕組みだからである。

✎考えてみよう

大学の授業料を無償化することについて、あなたは賛成か、反対か。無償化している国の政策、または国内の各政党の公約などを調べた上で、自分の考えをまとめてみよう。

第2章

ジェンダーとどう向き合うのか

学ぶポイント
- 日本社会の現状を「ジェンダー」を通して考えてみよう
- 自分の「ジェンダー」や「性別」が「政治」とどうつながるのかを考えてみよう
- 「ジェンダー」を出発点に「多様性（ダイバーシティ）」について考えてみよう

1　ジェンダーレス制服の登場

二〇一八年に新設された関東の高校で「ジェンダーレス制服」が導入されたことが話題となった。制服の上着はいずれも同じデザインのブレザーで、ボトムは男女兼用のズボン（スラックス）とスカート、リボンとネクタイも男女兼用で好きな組み合わせで着用できる。この制服が導入された理由は、心の性別と身体の性別の違和感に悩む生徒が、画一的な男女の制服を着用することで苦しい思いをしないように配慮したということであるが、それだけでなく、誰でも好きな制服を選ぶことができるような「ボーダーレス」な制服にしたいという思いがあったそうである。

例えば、身体の性別つまり生物学上の性別が女性で、心の性別が男性である生徒にとって、毎日スカートをはいて登校することには苦痛が伴うだろう。ほかの男子生徒と同じように、ズボンとネクタイを着用して登校できることで、心の負担が軽くなるかもしれない。一方、身体の性別が男性で心の性別が女性である生徒は、どちらを選ぶだろうか。ズボンを選ぶかもしれないし、スカートを選ぶかもしれない。性別違和を抱いていない女子生徒も、ズボンとスカートとのどちらも選ぶことができる。その日の気分で好きな方を着用することも可能だろう。しかし、性別違和を抱いていないいわゆる「普通」の男子生徒がスカートを選ぶことは少ないだろう。

なぜ、「男」はスカートをはけないのだろうか？　世界を見渡せば、スコットランドの民族衣装のキルトスカートはよく知られているし、フィジーでは「スル」と呼ばれる長いスカートを着用する文化がある。歴史を振り返れば、エジプトやギリシャ、日本の着物も同様だが、男女の区別なく筒型の布を巻き付ける衣装は数多く存在してきた。男性がスカートをはく文化、あるいはズボンをはかない時代は確かにあったし、今もある。ちなみに、女性が日常的にズボンを着用するようになったのは一九世紀以降であり、日本ではアジア・太平洋戦争中の「もんぺ」などを別とすれば、一九六〇～七〇年代の高度経済成長期以降のことであろう。

現代の日本でスカートを着用する男性が登場するのは、アバンギャルドなファッションに挑戦できるモデルや異性装をして活躍するタレントなど、多くはメディアの中のことであり、「特別な人」あるいは一種「特殊な人」として位置づけられる。男性にとってファッションの選択肢は女性よりも少なく、その意味で「不自由」である。

筆者は決して「男性よ、スカートをはこう」と言いたいわけではない。私たちが「普通」「当たり前」と思っていることは、時や場所、立場を変えれば決して「普通」のことではない。多数の人が無意識のうちに選び取っている習俗や行動、価値観を「当たり前」として問い返すことをしなければ、それに当てはまらない少数の人々の立場や価値観を社会から「逸脱」したものとして否定したり、排除したりすることになる。あるいは自分自身のことを振り返ってみても、ある時には多数派であっても、別の事柄については少数派になることもあるのではないだろうか。私たちが生きる社会にはいろいろな人がいるし、一人の人間の中にも多様な側面がある。

本章では、ジェンダーをキーワードとして、私たちの社会や私たち自身の多様性がどのように政治につながるかを考えてみたい。

2 日常の中のジェンダーバイアス

社長、大臣、国会議員、医師、一級建築士、検察官、大学教授、プロスポーツ選手……みなさんの頭に浮かんだのはどんな人だろうか？　それぞれ異なる人が思い浮かんだかもしれないが、その多くは「男性」だったのではないだろうか。例えば、「女社長」「女医」「女検事」という表現は用いても、「男社長」「男医」「男検事」という表現は使われない。こうした表現の違いが存在するのは、専門的で高度な知識が必要な職種や社会的に評価される地位にあるのは、「普通」は「男性」であり、「女性」がそうした立場にあることは「例外」的であることを物語っている。

このように、日常的にかわされる何気ない表現のなかにも社会的・文化的な性差、すなわちジェンダーによる一種の偏見、すなわちジェンダーバイアス（Gender bias）があることを見出すことができる。**ジェンダー**（Gender）とは、**生物学的・身体的性差としての性**（Sex）と対比的に用いられる概念で、社会的な性別役割や文化的な性別規範に基づく性差のことである。例えば、男性は女性よりも決断力があるから責任の重い仕事を任せられるとか、女性は他人への気配りができるので男性よりも熱心にケア労働に励むはずだといった評価は、社会構造の中で築き上げられてきたジェンダーによるものである。また、男の子の多くが戦隊ヒーローに憧れ、女の子たちがピンク色のキャラクターに夢中になったとしても、それがすべての子どもたちに該当するわけではない。あくまで文化的に構築されてきた男／女の区分、ジェンダーに依拠した傾向の一つに過ぎない。

しかし、私たちは一人ひとりの人間を特定のジェンダーから切り離して見ることができているだろうか？　もちろん、ジェンダーも生物学的な性も、個人にとって大切で重要なアイデンティティの要素である。性別の区別があることそのものを全否定することもまた、私たちが生きる社会の実態や実感とずれてしまう。

むしろ、性別がそれほどに重要なことであるがゆえに、紋切型のジェンダーによって「その人自身」が見えなくなってしまっていることもあるのではないだろうか。男女という区別を「当たり前」のこととして問い返すことをしないために無意識の思い込みやバイアスによって、日常生活の中で息苦しさを感じたり、子どもの頃から自分の人生に生きづらさを抱えたりしている人々もいる。誰にとっても身近であるが、日頃はあまり気にかけることがないジェンダーや性別による格差について、考えてみよう。

3　数字でみる日本のジェンダー

ジェンダーギャップ指数の衝撃

まずは、男女の差異の現状を客観的な視点から確認してみよう。世界経済フォーラム（World Economic Forum）が毎年発表しているジェンダーギャップ指数（Gender Gap Index, GGI）は、世界一四〇カ国以上の国々の男女格差を測るもので、経済・教育・政治・保健の四つの分野で評価される。日本の順位は、二〇一八年は一四九カ国中一一〇位、二〇一九年は一五三カ国中一二一位、二〇二〇年は一五六カ国中一二〇位と低迷しつづけている（二〇二一年三月三一日発表）。

二〇二〇年の結果を少し細かく見てみると、保健分野（新生児の男女比率、健康寿命）は六五位、教育分野は九二位である。教育分野では識字率と初等教育は男女の完全平等が実現されているとの評価を受け一位であるが、中等教育（中学校・高等学校）は一二九位、大学進学など高等教育は一一〇位と下位にある。経済分野（労働力率〔一五～六五歳の生産年齢に達した人口のうちの就業者および完全失業者数の割合〕、賃金の同等性、管理職や専門職に占める女性の比率等）については一一七位とこちらも低い。政治分野は、国会議員および閣僚の女性比率、最近五〇年の女性国家元首の在任年数から算出されるが、一四七位とさらに低くなっている。

つまり、日本の女性たちが中等・高等教育を受けることができるかどうか、社会で同等に評価され、リーダーシップを発揮できる立場にあるかという側面、すなわち経済や政治の分野での男女平等や女性の活躍の実態を問われると、一気に順位を下げてしまうのである。

女性の政治参画とクオータ制

特に国会議員に占める女性の少なさは、近年危機感をもって注目されている。列国議会同盟（IPU）による国会議員数の女性比率比較によれば、日本の衆議院の女性議員比率は二〇二一年九月のデータで九・七％にとどまっている（内閣府男女共同参画局発表、二〇二一年一一月）。この数値は世界平均の二五・五％（二〇二〇年度）を大きく下回り、二〇二一年現在の世界ランクは一九三カ国中の一六五位とされている。

ちなみに上位国は、一位のルワンダで六一・八％、二位キューバで五三・四％、三位ニカラグアで五〇・六％に達する（いずれも下院）。先進国の代名詞でもあるG７各国の女性議員比率については、最も上位にあるのがフランスの三一位（三九・五％）、次いでイギリスが四三位（三四・二％）、ドイツ五五位（三一・五％）、アメリカは七一位（二七・六％）である。アジアでは中国が八六位（二四・九％）、韓国が一二〇位（一九％）である。

これらの国々では、男女格差を解消するためのポジティブアクションが施されている。**ポジティブアクション**とは、人種や性別などによって差別的な待遇を受けて不利益を被ってきた人々に対し、実質的な平等を実現するために、一定の範囲での特別な措置を設けることである。性差別に対するポジティブアクションには、穏健な女性支援策をはじめ、中庸なゴールアンドタイムテーブル方式、法律等によって女性候補者や議員の数を割り当てるクオータ制がある。

ゴールアンドタイムテーブル方式とは、男女平等を実現するための目標（数値や取り組み）と実現までの期間の目安を定めて、実現に努力する方式である。一方、**クオータ制**とは、議会や政党等に対して、男女比の平等化を実現するために、候補者数や議席数の割り当ての目標値を具体的に設定することを法律等で定めるものである。法的な義務として拘束力を強める場合もあれば、韓国のように目標を到達できた政党には補助金が配分されるなどの実現のためのインセンティブを設ける場合もある。女性議員の割合が世界一となったルワンダをはじめ、アフリカや南米など内戦や過酷な女性差別が続いてきた国々では、国家秩序を立て直すにあたり、より民主的な国制を目指してクオータ制を導入することも見られた。現在、何らかの形でクオータ制を導入している国・地域は一三二カ国にのぼる（国際IDEAのデータベースより）。

一方で、これらのポジティブアクションが、男性に対する「逆差別」であるという意見もある。とくに議席数（＝当選者数）の平等化は、性別だけで議席数が割り当てられることは理不尽であり性別による差別だと考える人もいるだろう。実際、一九八〇年代にはフランスで、九〇年代にはイタリアやスイスで強制的なクオータ制に対し、市民資格に性別が導入されることへの批判や、政党の自由が制限されることなどが指摘されて憲法違反の判断が示された。しかしフランスでは、一九九九年に憲法を改正して両性の政治参画の平等化を推進することを明記し、二〇〇〇年六月にパリテ法を制定して候補者を男女同数とすることとし、その後女性議員数が四〇％弱を占めるに至った。韓国でも政党の候補者数の男女同数を義務付けているが、通説では合憲であると解されている。

厳密には候補者数と議席数のクオータ制は別個に論じるべきだが、議席数を性別で等分にすることは、男性議員の立場からすればこれまで九割を占めていた議席を四割も削減されることになって大きな危機感を感じるだろうし、有権者も含めて「能力がなくても女性だから当選し、そのために有能な男性が落選してしまう」という危惧を抱く人もいるかもしれない。しかし、現状の選挙制度がジェンダーにとらわれることなく、本当に有能な人が当選できることを保障できているかと問われれば、疑問符が付くのではないだろうか。むしろ、人口の半分以上を占めている女性に一定数の立候補の機会あるいは議席の配分を保障することで、本当に有能でなければ当選できない制度にブラッシュアップされていく可能性もある。また「女性」議員も、有権者の期待に応える結果を出さなければ「女性という性別で優遇されたから当選した」というレッテル（スティグマ・劣性の烙印）

を貼り続けられるわけだから、この制度が必ずしも女性に「甘い」わけではない。

そもそもクオータ制をはじめとするポジティブアクションは、一九七九年に採択された「女性差別撤廃条約」第四条の実質的な男女平等を実現するための「暫定的な特別措置」に由来する。国際的な潮流としてジェンダー平等が必須となっている現状に対して、日本が国家としてどう取り組むのかという問題に正面から向き合わなければならない時期に来ているだろう。

日本の政策と法の現状

日本でも、一九九九年「**男女共同参画社会基本法**」の制定によって、国が「男女共同参画基本計画」（第一次～第五次）を策定したが、第四次計画の目標であった「二〇二〇年までに指導的地位における女性の割合を三〇％とする」という水準には程遠く、二〇二〇年一二月の第五次計画では、二〇三〇年代には「指導的地位にある人々の性別に偏りがないような社会」にするために、二〇二〇年代に「可能な限り早期に指導的地位を占める女性の割合が三〇％程度となる」ことを目標に据えた。

現在の日本の人口は、女性の方が約三四五万人多い（総務省統計局、二〇二一年一一月一日）。男性に比べて女性の平均寿命が長いという要素もあるが、数のうえでは女性が「多数派」なのである。それにもかかわらず、政府においても企業においても、意思決定に関わる立場にあるのは圧倒的に男性が多いのである。こうした現状を受けて、二〇一五年に成立した「**女性活躍推進法**」では、国や地方自治体だけでなく、民間事業者について、女性の採用比率や勤続年数の男女差、女性管理職の割合などの現状や改善すべき事情について分析し、数値目標や取り組み内容を盛り込んだ「事業主行動計画」を策定して公表することが義務づけられた。

また、政治の領域についても、二〇一八年五月にようやく「**政治分野における男女共同参画推進法**」が成立し、日本型のクオータ制導入への一歩を踏み出した。同法は、政治分野での男女共同参画を進めることで、社会全体の動きを加速させるとともに、今後の日本において政治分野の男女平等が「多様な国民の意見が的確に反映されるために一層重要になる」ことから制定された。具体的には、各政党に対して、国会・地方議会のいずれについても「男女のそれぞれの公職の候補者の数について目標を定める等、自主的に取り組む」という努力規定にとどまったが、性別にかかわりなく政治活動と家庭生活の「円滑かつ継続的な両立が可能となることを旨とする」ことも定められた。

現在、地方議員についても女性の割合は低く、二〇二〇年現在で全国の都道府県・市町村議会における女性議員の比率は平均一四・五%にとどまる(内閣府)。女性議員ゼロの議会も一九%にのぼる(二〇一九年三月NHK報道)。少子化や過疎化の影響で特に町村議会の担い手が不足するなかで、男女を問わず、政治活動と家庭生活、さらには職業生活のバランスをとる仕組みが求められている。

もちろん、女性議員を増やすことだけでは男女平等は実現しないし、女性議員が常に、また一律に「女性」という立場で公職を務める必要もない。しかし、現在のように、国会をはじめ国民を代表するはずの議会のほとんどにおいて、一つの性(男性)が圧倒的な割合を占めているという状況は、多様な価値観を持つ人々が存在する私たちの社会の実相からは、かけ離れているといえる。この点は、「男性」か「女性」かという二つの性別問題にもとどまらないが、後ほど取り上げよう。

4　個人的なことは政治的なこと――「女」と「男」、「個人」と「政治」

「男は仕事、女は家庭」の歴史と現在

政治活動の場における女性比率の少なさは、社会の中で政治を担うのは男であることが「普通」であり、女性が政治に参画することは「特殊」であるという発想が、社会の「常識」とされていることの反映である。政治をはじめとする公職や専門的で高度な知識を必要とする職業、また責任ある立場に「女」は向かないとする意識には根強いものがある。

こうした発想の根本には、それぞれの性別に適合的な二つの領域、すなわち「男に向いている仕事・役割」と「女に向いている仕事・役割」があるという前提がある。こうした前提はさらに、私たちが生きる世界を「**公的領域**」と「**私的領域**」に二分して捉えるという理解に基づいている。これを「公私二元論」という。この二つに分けられた世界のうち、「公的領域」にあたる政治や経済活動は男性の領分、「私的領域」にあたる家事や育児、介護など家庭生活やケアに関わる事柄を女性の領分として割り振って、性別によって役割を固定化して見ること、これを「（**固定的**）**性別役割分業**」という。

「**公私二元論**」は、一九世紀以降の近代市民社会の構造を説明する重要な理論の一つである。人は生まれながらにして自由かつ権利において平等であるという理念を表明した一七八九年のフランス人権宣言は、すべての人間が自由で平等な主体として社会で活動し、国家を運営するという理念を示し、近代社会・近代国家の幕開けを告げた。しかし、政治・経済という「公的領域」で活躍することが想定されている「自由で平等な主体」とは、より正確には「自由で平等な男性家長という主体」である。女性は、子どもや老人とともに「私的領域」のうちにある。その理由は、家事や育児などのケアに従事するのは女性の「本性（nature）」に合致しているからとされる。

　公私二元論に基づく固定的な性別役割分業は、資本主義経済の発展とも有機的に結びついて、一九世紀から二〇世紀にかけてのヨーロッパ、アメリカ社会に根づき、一九六〇～七〇年代の高度成長期に日本社会でも一般化した。資本主義経済の進展は、労働者として最も効率のいい男性たち——家族生活に時間も精神も奪われず、出産・育児という再生産に時間的コストとブランクも生じない効率のよい労働力の供給者——を潤沢に確保できたことに支えられた。女性たちは二次的な労働力として低く評価される市場から去り、夫の片稼ぎによって扶養され、働き続ける夫と子どもへの「愛」を原動力とし、また夫と子どもからの「愛」を報酬とする、金銭的無報酬の家事・育児・介護（**アンペイドワーク**）に従事する道を選んだ。

　このような「夫片稼ぎ×専業主婦家庭」は、近現代の欧米諸国や日本でも理想的な、あるいは一般的な家庭像となった。戦後日本のテレビアニメに登場する家族を見ても、専業主婦であり、子どものために育児に励む母親像が登場し続け、多くの人がそうした家族の姿に違和感を覚えることなく受容している。

さらに、固定化された性別役割は企業をはじめとする社会構造の中にも定着した。例えば、女性にのみ総合職と一般職という区分が設けられ、女性たちの多くが補助的な仕事に就くことが当然とされた。また、一九八〇年代まで多くの企業で女性にのみ「結婚退職」や「三〇歳定年」が公然と制度化されていた。女性たちもまた、これを違和感なく受け止め、「専業主婦家庭」を築くことが「普通」であるという価値観を共有していたのである。

日本の性別役割分業と意識

内閣府男女共同参画局の調査によれば、夫の賃金が右肩上がりに上昇していった一九六〇〜七〇年代の高度経済成長期に典型的であった**専業主婦世帯**は、八〇年には一千百万世帯を超え共働き世帯の二倍近くに達していたが、九〇年に**共働き世帯**とほぼ同数まで減少した。以後、共働き世帯が増え続け、二〇二〇年現在、共働き世帯が一二〇〇万世帯を超え専業主婦世帯の約二倍に達する。

また、固定的な性別役割に対する意識調査（図1）によると、「男＝仕事、女＝家庭」という価値観に賛成する人（賛成、どちらかといえば賛成）の割合は、一九七九年で女性が約七〇％、男性は七五％に達したが、女性では二〇〇二年に、男性は二〇一四年に賛成と反対（反対、どちらかといえば反対）の比率が逆転した。二〇一九年、従来の性別役割について賛成する人は女性三一％、男性

図１　「夫は外で働き、妻は家庭を守るべきである」という考え方に関する意識

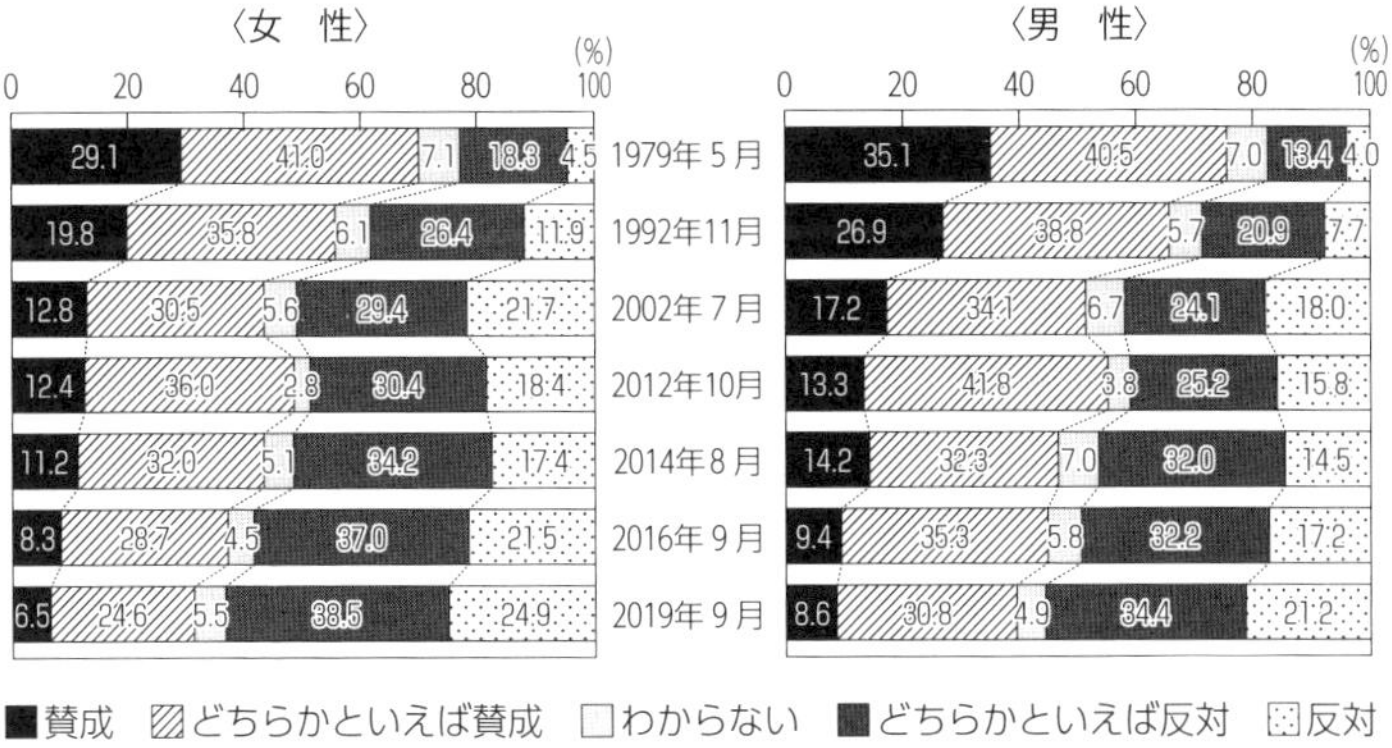

備考：平成26年以前の調査は20歳以上、平成28年および令和元年の調査は18歳以上の者が対象。
出所：内閣府男女共同参画局『男女共同参画白書令和３年度版』

も三九％弱にとどまっている。

ただし、実際に家事・育児を担っているのは女性であるとの調査結果も出ている。二〇一六年の調査によると、六歳未満の子をもつ共働き世帯の家事・育児時間は、妻が一日あたり約六時間であるのに対し、夫は約一時間二〇分である。また共働き世帯数には非正規の職員・従業員も含まれており、女性の**M字型就労**（年齢別の労働力率をグラフ化した場合に、結婚・出産を機に退職して家庭に入り、タイムラグをおいて復職する女性が多いためグラフがM字型を描く状況）がいまだ継続していることや、女性の非正規率が高いことを併せて考えると、共働き世帯であっても、女性は仕事より家事・育児を優先すべきとの性別役割規範から解放されているとはいえないだろう。

個人的なことは個人の問題？――「個人的なことは政治的なこと」

もちろん、「専業主婦になって夫や子どもに尽くしたい」、「夫がバリバリ稼いで妻は家庭を守りつつ、パートで家計を補助する」、「夫婦ともにフルタイムで働く」、「結婚という制度は選択しない」など、どのような家族生活を営み、キャリアをどう積み重ねるのか、人生の選択や幸福のあり方は人それぞれであり、他人が決めることではない。それは、個人の自由である。しかし、すべてが「個人の問題」であるとして、他者や社会があずかり知らぬものであるといえるだろうか。

例えば、正社員として働く女性が着実に仕事をこなし、実績を積んでいったとしよう。プライベートでも、恋人と結婚し子宝にも恵まれて産休・育休も取得できたとする。その後、保育園はみつからなかったが、夫の親に子どもを預けて働く手はずも整えた。ところが職場復帰を目前に控えた矢先に、夫の親が病に倒れて介護が必要になった。自分の両親は遠方にいて頼れない。子育てのサポートを得られないばかりか、親の介護も必要となった。夫と交替で有給休暇や介護休暇などをやり繰りしても、追いつかないだろう。親だけでなく、パートナーや自分自身が病に倒れたり、亡くなってしまうこともありうる。結婚や出産を選択しなかった人でも、人生の岐路で自分の力だけでは乗り越えられない壁が立ちはだかることもあるだろう。

働き続けるためには、出産や育児をあきらめるしかないのか、あるいは病気の親を介護するには仕事を辞めてキャリアを手放すしか選択肢はないのだろうか？　育児や介護、また生活していくうえでも、さらには自分自身の老後を考えてもお金は必要である。しかし、仕事を続けていては育児も介護も物理的に不可能になってしまう。こうした出来事は誰の身にも起きる可能性があるが、解決できるかどうかは「個人」の問題なのだろうか？

このように、働きながら個々人の生活を維持していく仕組み、すなわち「**ワークライフバランス**」の実現は、私たちの社会で共有されている共通の望みであり、また課題である。子どもにとっては、誰に育てられ、何を学び、どんなものを食べて成長するのか、好きな服を着て楽しく学校に行けるのか、大人にとっては、どんな仕事に就いてどんなふうに働くのか、楽しく働くことができるのか、誰とともに生活するのかといった事柄は、「私の人生」の私のこと、すなわちごく個人的なことである。そしてこの「個人的」な問題は、同時に私たちの社会が共有する問題として、まさに私たちの政治につながっている。

「**個人的なことは政治的なこと**」というフレーズは、一九六〇年代アメリカで起こったラディカル・フェミニズムの運動のスローガンとして掲げられたものである。当時問題となったのは、中絶の禁止やピルの解禁といった女性の身体と性に関わる事柄である。生殖や出産はきわめてプライベートな事柄であるが、多くの女性たちに共有される経験でもある。しかし、中絶や避妊の是非の判断に当事者である女性は一切加わることができず、医師や政治家である男性たちに決定権があった。

長い歴史の中で、女性は女性自身で自らの妊娠、中絶、出産をコントロールする権利をもつ主体としては捉えられてこなかった。女性の「本性」や「本質」の根拠としてしばしば持ち出される「出産」そのもののが、男性の支配下にあった。最初に声をあげた少数の女性たちは、男性がスカートを身につけるのと同じくらいの勇気が必要であったろうし、容赦ない嘲笑も浴びただろう。女性の性と生殖に対する自己決定権である**リプロダクティブ・ヘルス／ライツ**（Reproductive Health and Rights）が広く知られるようになったのは、一九九四年の国連の国際人口開発会議以降のことである。女性たちが自己の経験を「個人に起こった出来事」として我慢するのではなく、社会構造の中で振り分けられた「女」というジェンダーにあてがわれた問題として、客観化し可視化して議論すること、すなわち政治的な問題として語り合うことが私たちの社会に求められていることなのである。

同じことはもちろん、男性にも当てはまる。例えば、男性は女性より収入が多くなければならないという意識にとらわれている人もいるかもしれない。夫が妻の扶養家族になったり、妻の姓に改姓することに強い抵抗を感じる人も多いだろう。そうすることが良いか悪いかということではなく、社会や世間の「常識」として「そうでなければならない」という規範が強く内面化されてしまい、人生に「アウェイ感」をもっている人がいるのであれば、それは個人の問題にとどまるものではなく「こうあるべき」という社会からの規範的な抑圧の問題なのである。

近年の例を取り上げよう。二〇一七年の一一月、熊本市議会の女性議員が議場に生後数カ月の乳児を連れて出席し、賛否両論の議論が沸き起こった（**写真**）。一方、世界に目を向ければアメリカ上院では乳児を連れての出席が認められており、ニュージーランドでは会議中の授乳も認められ議場で議長が赤ちゃんをあやす姿も見られる。さらに、同国のアーダーン首相は二〇一八年七月に第一子を出産し、六週間の産休を取り、復帰後は国連の会議にも子連れで出張した。ちなみに、アーダーン政権は現在も高い支持率を維持している。

日本で起きた問題の背景には、かつての中絶の問題と同様に、家事や育児を中心的に担うとされている女性たち（母親たち）が、当事者であるにもかかわらず（父親も育児の当事者であるが）、そのための政策を決定する場にほとんど存在せず、政治的に排除されているという現実がある。このことは、働き方改革を議論する場に長時間労働に苦しむ人や過労死した家族をもつ人が決定権をもつ代表者として参画できないという歯がゆさにも共通する。会社員の男性が「平日には朝から晩まで仕事があって、政治活動なんて到底できない」という現実は、個人的な事情で片づけられるものではなく、社会構造や制度に起因するところが大きいのである。地方議員の担い手不足は、そのことを如実に反映しているだろう。「個人的なことは政治的なこと」というスローガンは、現在もその意義を失っていない。

乳児を連れて議場に入った市議会議員（右）と話し合う議長ら

（提供　朝日新聞社）

5　ジェンダーから多様性（ダイバーシティ）へ

LGBTs／LGBT＋とSOGIE

ここまで、男／女という二つの性の区分について述べてきたが、現在では、そもそも人間を男か女かの二つの性別に区分できるという前提自体が問い直されている。近年は多くのメディアで様々なジェンダーアイデンティティをもつ人々が活躍し、性の多様性についても広く認知されるようになってきた。ＬＧＢＴＱと表記されてきたセクシュアルマイノリティ（性的少数者）については、レズ（女性同性愛）、ゲイ（男性同性愛）、バイセクシュアル（両性愛）、トランスジェンダー（性別違和を持っている人や性別越境者など）、クィア（原意は同性愛者を侮辱する語だが、当事者がカテゴライズを避けて用いる）またはクエスチョニング（性別を確定しない・したくない人、Ｘジェンダー）のほか、インターセックス（性分化疾患）やアセクシャル、ノンセクシュアル等、セクシュアリティの多様性が認識されはじめ、ＬＧＢＴｓやＬＧＢＴ＋と表記されることも増えてきた。さらに、ジェンダーや性別はマイノリティにとっての課題に限定されるものではなく、誰にとっても重要なアイデンティティの一つであるという観点から、ＳＯＧＩＥ（ソジー。セクシュアルオリエンテーション〔Sexual Orientation・性的指向〕、ジェンダーアイデンティティ〔Gender Identity・性自認〕、ジェンダーエクスプレッション〔Gender Expression〕の略）という概念が重要だという認識も広がっている。

身体的な性別と自分で認識している性別とに違和感を抱える人も、みな同じ「違和感」をもっているわけでもないし、あたり前のことだが、そのアイデンティティのあり方は一人ひとり違う。私たちのSOGIEも多種多様なはずである。その多様性の理解を進めることは、わたしたち自身の個性を尊重することにつながる。性のことだけではない。子どもがいる人もいればいない人もいるし、障害がある人もない人もいる。国籍やルーツ、家族のかたちも様々なのであり、そのあり方は一つとしてまったく同じ人はいないのである。

二〇二一年に開催された東京オリンピック・パラリンピックではセクシュアルマイノリティとしてのカミングアウトが史上最多であったことやトランスジェンダーの選手が登場したことが話題となった。しかし他方で、二〇二一年六月に議員立法としてLGBTに対する理解増進法案（差別禁止法ではない）の提出が試みられたものの、結局、国会提出は見送られた。他にも、同性婚に対する司法判断が示されるなど、性の多様性に対する認知が進み政治や法のレベルでの議論も出始めてはいるが、国際的に見ても対応ができているとはいいがたい状況にある。

ジェンダーから多様性（ダイバーシティ）へ

これまで「当たり前」ととらえられてきた男／女という区別の中に、女性というジェンダーによる抑圧を感じる人もいれば、男性らしさに縛られることに耐え続ける人もおり、そもそも二つの性に区分されることに大きな苦痛を感じる人もいる。今、それが「個人的なこと」でなく「政治的なこと」であり、誰もが息苦しくない日々を送ることができる「誰一人取り残さない（leave no one behind）」世界を目指す時期に来ている。これを具体的な目標として掲げているのがSDGs（持続可能な開発目標）であり、その目標5が「ジェンダー平等の実現」である。また、セクシュアルマイノリティへの差別をなくすという目標は、この目標5に加え、目標16「平和と公正をすべての人に」に含まれると解されている。ジェンダーによる差別をなくすことは、女性への差別や抑圧をなくすということにとどまるのではなく、すべての人がジェンダーによる差別や抑圧を受けない、ということを意味している。映画スターでフェミニストとしても活躍するエマ・ワトソンは国連の演説で、そのことを力強くかつ穏やかに伝えているのでぜひ一見してもらいたい（おすすめの文献参照）。

お互いの違いや多様な価値観を認め合うことは、それだけ意見の対立も生じるし、共感しにくい事柄もあるかもしれない。しかし、現に私たちの生きる社会は多様な人々で構成されている。この多様性（ダイバーシティ）こそがこの社会を豊かにし、可能性を広げていることを認識しなければ、私たちの社会や国家そのものが脆弱化し、持続していくことができなくなるだろう。少数派の人々にとっての課題を、私たちの社会の共通の課題として解決にあたることは、困難も多いかもしれないが、結果として社会を改善することにつながる。

SNSの普及により、新たな政治参画のツールや議論を交わす場が生まれ、様々な方法で声を上げ、連帯したり運動を立ち上げることも可能になっている。私たち一人ひとりと「政治」をつなぐ方法も多様化している。新しい環境や方法を生かして、代議制民主主義という従来の政治の仕組みに新たな息吹を吹き込み、多様な課題の解決に取り組むこともできるのではないだろうか。

✎考えてみよう

クオータ制を導入している事例を調べ、そのメリットと課題について考えて導入の是非について議論してみよう。

相談支援の現場から見えたこの社会の貧困

小幡あゆみ（九州大学大学院生）

私は、抱樸《ほうぼく》というＮＰＯ法人で生活困窮の方々の相談支援を行っている。コロナが拡大して以降、明日の生活も不安な方々が日々相談に訪れ、その件数も日に日に増していった。相談に来る方は幅広い年齢層や職種だが、雇用形態は非正規雇用の割合が圧倒的に多い。相談の内容は、コロナの影響で出勤日数を減らされ減収して生活できない、会社の収益が落ちたため契約更新をしてもらえず職を失った、といったものである。あるシングルマザーは、急な一斉休校措置や繰り返される緊急事態宣言の影響で職を失い、生活ができないと相談に来た。子どもに食べさせるため、自分は一日一食しか食べない時もあると話す彼女の腕にはリストカットの跡がいくつもあった。

相談者の話を聞いていると、これらの問題は突然生じたのではなく、あらかじめ用意されていたのだと思わざるを得ない。彼ら彼女らの多くは、コロナの影響が出る以前から、仕事や住居が安定せず、貯金や人間関係などのストックのない生活をしてきていた。また、働いていても十分な賃金を得られず、生活費の借り入れを続け、債務が膨らんだ方も多くいた。このような方々は、コロナがなくとも病気など不測の事態が起きれば、すぐに生活が立ち行かなくなる状況に置かれていたのだ。この社会にはすでに貧困が蔓延しており、コロナはそれを明るみに出すきっかけにすぎなかったのである。

日本の憲法には誰しもが最低限の文化的な生活を送り、幸福を追求する権利があると書かれている。しかし、コロナ禍では弱い立場の人からその生活が脅かされ、未来や幸福を描く余裕すら奪われていった。これまで貧困は個人の能力の問題として語られることが多かったが、コロナに限らず、私たちの人生には個人の能力では到底制御できないアクシデントに遭遇する可能性は必ずある。そんな時に頼れる政府や社会を私たちは持てているだろうか。もしそうでないと感じたとしても、政治は私たちの手で変えることができる。私たちは、コロナを通して見えたこの社会の課題を一過性のものとして忘却するのではなく、多様な人が幸せを描くことのできる社会への起点にできるだろうか。

第3章

地域の政治は変わるのか

学ぶポイント
- なぜ今「地方創生」といわれているのか
- 生まれ育った市町村の変化について考えてみよう
- 地方自治の仕組みと私たちに期待されている役割は何かを考えてみよう

1　地方はどのように変わってきたのか

あなたが暮らす地域の政治

あなたが暮らしている自治体について考えてみよう。もしあなたが選挙権を有する有権者だったら、少なくとも自治体に関わる四つの選挙の投票権をもっているはずだ。一つは都道府県知事選挙と都道府県議会議員選挙。そしてもう一つは市区町村長選挙と市区町村議会議員選挙。しかし、おそらく国政選挙に比べたら、あなたの関心は低いだろうし、知識もあまりないのではないだろうか。首相の顔や名前は知っていても、自分が暮らす自治体の首長や議員はさっぱりわからないという人の方が多いだろう。もちろん国際政治や日本全体の政治のことを考え知ることも大切なことだ。でも、自分自身が暮らす自治体の政治のことを考え知ることも同じように大切なことではないだろうか。特に、「**地方消滅**」などというショッキングな言葉が飛び交う今日、あなたの足下の政治がどうなっていて、どのような問題を抱えているのかを知ることはますます重要になっている。それはどういうことなのか。まずは、この間の自治体すなわち地方の変化の軌跡をたどることから考えていくことにしよう。

「地方創生」ってなんだ?

新聞やテレビで「**地方創生**」という言葉を目にした人も多いだろう。そんな言葉は初めて聞いたというならば、新聞にもテレビにも（少なくともニュースに関しては）ほとんど接していないということ。そんな人はちょっと日々のニュースに関心をもつようにしよう。

「地方創生」という言葉自体は、比較的新しい言葉である。二〇一二年一二月に第二次安倍内閣が発足し、地方の活性化策の目玉として「地方創生」が掲げられた。新たに地方創生担当大臣というポストが作られ、内閣府に地方創生推進事務局が、内閣官房に「まち・ひと・しごと創生本部事務局」が設置された。

しかし、地域活性化のための政策として政府が「創生」という言葉を使ったのはこれが初めてではない。時代は今から約三〇年前、竹下内閣の時代にさかのぼる。政策の名称は「**ふるさと創生**」だった。三〇年前の「ふるさと創生」から現在の「地方創生」へという言葉の変化は、この間の地方の変化を表しているように思われる。

二つの「創生」政策を推進した首相の特徴も大きく異なっている。「ふるさと創生」を掲げそれを実行した竹下は、地方議員としての経験を積んで国会議員、そして首相へと登りつめた政治家だった。所属する派閥は田中派で、公共事業や補助金によって地方の「面倒をみる」こと、そのことによって選挙での支持を調達するのが同派の特徴だった。一方「地方創生」を推進している安倍首相は、二世ならぬ三世議員で、地方議員の経験はない。所属派閥は旧福田派の流れをくむ清和会。**利益誘導政治**を得意とする田中派に対して、**ナショナリズム**を掲げるイデオロギー重視の性格が強い。

もちろん首相の経歴や所属派閥の違いだけではない。「ふるさと創生」は、規模の大小など関係なくすべての自治体に一律一億円を配分し、自治体自らが自由に一億円を使って地域の活性化を図るという政策だった。日本経済がバブルに沸くなかでの典型的なばら撒き政治と言えるだろう。これに対して「地方創生」の方は、自治体に「地方創生」のための戦略と政策を作らせ、中央政府が評価できる取り組みには予算をつけるというものである。「ふるさと創生」が地域活性化政策を一億円というお金でしか表現できなかったとすれば、「地方創生」の方は政府が政策のスキームを策定し、各自治体が戦略を立てていくという点で、政策指向的である。しかし、別の見方も可能だろう。「ふるさと創生」は確かにばら撒きではあるものの、一億円をどのように使うかは各自治体の判断に委ねられた。一方「地方創生」の方は、政策スキームを作るのは中央政府であり、自治体の立てる戦略の出来不出来を判断するのも中央政府である。自治体の自主性の尊重という意味では、「ふるさと創生」の方が優っていたとも言える。

実は二つの地域活性化政策にはもう一つの大きな違いがある。ネーミングの違いである。「ふるさと」から「地方」へ。いずれも抽象的な用語だが、「ふるさと」の方は、人々が生まれ育ち、祖先のお墓があり、親や親戚がいてお盆やお正月には帰る場所、ないしはそうしたイメージである。人々の暮らしと共同体が辛うじて残っていた時代と結びついていたのが「ふるさと創生」だった。これに対して「中央」と対になった「地方」という言葉を用いる「地方創生」からは、実在としても精神的な意味でも「ふるさと」というものが今の日本から消失していることと表裏一体である。後で「地方消滅」論を取り上げる際にもう少し詳しく説明するが、「地方創生」とは「ふるさと」なきあとの地域活性化政策と見ることもできる。

では、「ふるさと創生」から「地方創生」までの三〇年間に地域で何が起こったのだろうか。ここでは二つの大きな出来事を取り上げよう。一つは住民投票、そしてもう一つは市町村合併である。

住民投票

地方自治の重要な要素として、**住民自治**ということがよく言われる。また、地方選挙のスローガンなどには、しばしば「住民が主役」といった言葉が用いられている。そんなことは単なるお題目であり、きれいごとにすぎないと感じるかもしれない。しかし、一九九〇年代になって、まさに「住民が主役」となって地域の課題に対応する動きが顕在化した。**住民投票**である。

特に注目を浴びたのは、新潟県巻町の原発建設の是非をめぐる住民投票、岐阜県御嵩町の産業廃棄物処理施設建設の是非をめぐる住民投票、沖縄県の米軍基地の是非をめぐる住民投票、さらには徳島市の吉野川可動堰建設の是非をめぐる住民投票などである。これらはいずれも実際の住民投票の実施にまで至ったものであるが、住民投票をめざして直接請求がなされ、署名集めが行われ、法定数以上の署名が集まり住民投票条例制定まであと一歩というものも少なくなかった。

これらの動きに共通していたのは、地域の課題について自分たちのことは自分たちで決めたいという**自治意識**の存在だった。一方、住民投票の対象としては、原発や産廃施設など、いわゆる迷惑施設が多かったのも事実であり、そのことから住民投票は迷惑施設を嫌がる**住民エゴ**に過ぎないという批判も投げかけられた。しかし、住民投票実現に至るまでに注がれる膨大なエネルギーを考えるならば、住民投票を単なる住民エゴと斬って捨てることはできないだろう。住民投票を実施した御嵩町長が結果よりも住民自身が産廃問題について真剣に考えたプロセスが大事と述べたように、考え、討議し、行動することにより地域の担い手としての住民という意識が芽生えるのである。

一九九〇年代にこうした住民投票が各地で見られたのはどうしてだろうか。

一つには、日本政治における利益誘導政治、それと結びついた大型公共事業の行き詰まりを指摘できる。高度経済成長の時代以降、日本では高速道路やダム建設に象徴されるような大規模な公共事業による地域開発が積極的に進められた。公共事業により地域にお金や仕事が落ちること、そして地域の利便性も高まることへの期待と表裏一体だった。しかし、地域は活気を取り戻すどころか衰退する一方であり、また、かつては意識されなかった環境問題への関心の高まりなどを背景にして、公共事業に疑問や批判が向けられるようになった。

もちろん、公共事業への疑問や批判がただちに住民投票に結びつくわけではない。そこにはもう一つの要因が働いていた。既存の政治に対する不信である。それまで首長や議会という選挙で選ばれた代表者が民意を体現して地域に様々な恩恵をもたらしてくれるという構図が崩れたのである。その意味で、住民投票は**間接民主主義**に対する**直接民主主義**による異議申し立てという性格をもっていた。

住民投票は、地域の政治がもつもう一つの特徴を浮き彫りにもした。地域に暮らす外国人の問題である。地域には日本国籍を有しない外国人も暮らしているし、グローバル化の進展によりその数は増えていくだろう。諸外国では**定住外国人の参政権**を認めている国もあるが、日本ではまだ実現していない。しかし、公職選挙法の規制を受けない住民投票で、定住外国人にも投票権を認めた自治体も少なくない。地域の政治は国の政治に先んじて多様性に配慮した共生の政治の試みがなされる場にもなりうるのである。

このように住民投票は日本の政治や社会の変化を背景として活発化した。しかし、住民投票以上に自治体に大きな影響を与えたのは、一九九〇年代半ばから始まった**地方分権改革**であり、そのなかで行われた市町村合併だった。

「平成の大合併」

地方分権改革の動きが本格化するのは、一九九四年に成立した村山内閣（自社さ政権）の時代からである。一九九五年に地方分権推進法ができ、地方分権推進委員会が数度の勧告を行い、政府が実行に移した。特に最初の段階で焦点となったのは**機関委任事務**という仕組みだった。この仕組みのために、地方政府が行う仕事の多くが中央政府の仕事の肩代わりという性格を与えられていた。別な言い方をすれば、中央政府の下請け的な役割を地方政府が担っていたとも言える。地方分権改革では、これを**法定受託事務**と**自治事務**に分類し、基本的に仕事のうえでの中央と地方との上下関係はないということに改められた。

こうして始まった地方分権改革は、自治体に様々な変化をもたらした。その一つが「平成の大合併」の名のもとに行われた**市町村合併**だった。地方分権改革が意味するところは、機関委任事務の廃止に示されたように、自治体が従来の中央政府への依存体質から脱却して、自立した自治体運営を行うことにある。では、はたして自治体にはそうした能力があるのだろうか。このような文脈のなかから地方分権改革の「受け皿」論が登場した。つまり、小規模な自治体は、財政的にも人的にも地方分権改革がめざす自立した自治体運営を担うことはできないのではないか、すなわち地方分権改革の「受け皿」たりえないのではないか、という指摘である。

「受け皿」論に基づく市町村合併への動きは、二〇〇一年に登場した小泉内閣のもとで加速された。補助金や地方交付税交付金の見直し、公共事業の削減を進める一方で、合併した自治体に対する支援策を設けることにより、市町村合併は一挙に進んだ。三千以上あった市町村は、現在では約一七〇〇に減少している。

しかし、このような大規模な市町村合併がはたして地方分権改革の「受け皿」づくりに結びついたのだろうか。例えば、合併によって自治体の規模が大きくなったが、それは住民と自治体（行政や議会）との距離が広がったことを意味している。特に合併によって市役所や町村役場がなくなった地域では、人口減少のスピードが速まり地域の衰退が激しくなったところも少なくない。また、自治体の規模という器の問題に議論が偏重した結果、地方自治の主要な担い手である首長、議会、住民の役割について、必ずしも深く掘り下げた議論が行われたわけではなかった。「平成の大合併」のかけ声のもと、多くの自治体は「バスに乗り遅れるな」とばかりに合併へと向かったものの、地方自治の発展や強化に結びついたとは言い難いのである。

2　自治体の政治の仕組み

二層制——都道府県と市区町村

これまでの説明では、自治体を一括して扱ってきたが、日本の自治体は実に多様である。自治体を大きく分けると、広域自治を担当する都道府県と私たちの生活圏に密着した基礎自治体としての市区町村という二種類の自治体が存在する。これを**二層制**と呼んでいる。都道府県について言えば、戦前において都道府県は自治体ではなかった。知事は内務官僚が中央から派遣されて就任し、中央政府の出先ないしは下請けという性格を有する団体だった。戦後改革のなかで、市町村のみならず都道府県もまた法人格をもつ自治体として位置づけられたのである。

都道府県にせよ市区町村にせよ、私たちが自治体の政治を身近に感じることができるのはそう多くはない。おそらく、選挙が最も身近に感じる機会なのだろうが、近年の自治体選挙は一部の例外を除いてきわめて低い投票率で推移している。この意味で自治体における選挙政治自体の形骸化を指摘することも可能である。とはいえ、日々の暮らしに追われている人々の多くは、なかなか政治のことを考える時間がないというのも事実だ。身近な問題とはいえ、自治体の政治に目を向けることなどほとんどないだろう。そういう意味では、選挙というのは普段の生活からちょっと離れて政治のことを考えるよい機会を提供してくれる。

二元代表制——首長と議会

自治体の政治の基本的な仕組みは二元代表制と言われる。つまり自治体には二種類の代表者、すなわち首長と議会が存在する。私たちから見た場合、首長は市や県といった自治体全体の代表者を意味する。自治体を今後どのような方向に進めていこうとするのか、どのような政策領域を重視しているのか、など考慮して選ぶことになるだろう。

一方、議会の方はどうだろう。首長ほど簡単ではない。例えば定数四〇人の市議会議員選挙を考えてみよう。選挙は市全体で一つの選挙区である。有権者が投じる票は、あくまでも個々の議員に対してである。仮に意中の政治家が当選したとしても、その政治家が議会のなかで多数派なのか少数派なのかで意味合いは異なるだろう。多数派でなくてもこういう意見もあるのだということをきちんと示してほしいと考えれば少数派の政治家に票を投じるだろう。いや、やはり多数派だからこそ政策が実現できるのだと考えて多数派に属する候補者に投じるかもしれない。あるいは多数派とか少数派とかに関係なく、自分自身に特に関心がある問題に一生懸命取り組んでくれるというただそれだけで候補者を絞る人もいるだろう。このように考えると、地方議会というのは実に様々な考えが複雑に絡まり合ったものだということがわかるだろう。

いずれにせよ、自治体の政治を行ううえで選ばれる代表者は首長と議会の二つである。首長と議会は有権者を代表する機関として相互にチェックアンドバランスを図る関係にある。**議院内閣制**をとる国政と大きく異なるシステムだということはわかるだろう。

リコール――住民による直接民主主義

代表の仕組みが異なるというだけではない。リコールという制度をご存知だろうか。解職請求という言葉の方がわかりやすいかもしれない。住民が問題ありと考えた場合、首長や議員をクビにすることも可能な制度を自治体は有している。つまり、自治体の通常の政治は、首長と議会という住民が選ぶ二つの代表機関によって行われているが、何か問題が生じた場合には住民が直接影響力を行使できる仕組みも準備されているのである。選挙を通じた間接民主主義の制度と住民自身による直接民主主義の制度の組み合わせによって、自治体の政治は成り立っている。

3　変わらぬ地方議会

何のための政務活動費か

このように考えると、地方の政治では住民は非常に大きな力をもっているとも言える。少なくともリコールなどない国政よりは強い影響力をもっている。しかし、だからといって住民が頻繁に首長や議員をリコールするということがあるだろうか。おそらくよっぽどなことがない限り、住民がリコールに向かうことはない。通常の政治は選挙で選ばれた首長や議会に委ねられている。

性善説に立てば、首長や議員は四年に一度の審判を受けるのであるから、有権者の目を常に意識し、緊張感をもちながら日々の政治に向き合っているはずである。しかし、現実はそうでもなさそうだ。選挙さえ済めば、四年間はとりあえず安泰だ。こう考えて不正に対する感覚が鈍る地方政治家も少なくないのかもしれない。

先に地方分権改革の「受け皿」づくりとしての「平成の大合併」を説明したが、自治体の規模は拡大したものの、それに伴って首長や議会のあり方が変わったのかという問題が依然として残っている。この点を地方議会の**政務活動費問題**を例に挙げて考えてみよう。

地方議会の議員の収入は議員報酬によってまかなわれている。一般の人々の給料にあたると考えてよいだろう。この議員報酬以外に、多くの議会では政務活動費が支給されている。支給の仕方、会計処理や報告の方法等、議会によってやり方は異なっており、また政務活動費の支給がないという議会もある。名称からわかるように、政務活動費は議員の政策立案能力を高めることを目的として支給されるものである。政策について情報を収集したり知識を高めたりするために用いられなければならない。議員の研究費といってもよいだろう。

近年、この政務活動費のずさんな使い方が問題になり、マスコミで大きく報じられた。例えば、虚偽の出張による約三百万円の不正支出が発覚した兵庫県議会議員の場合、報道された記者会見での様子から「号泣議員」と呼ばれ、辞職するに至った。しかし、より深刻な事態であったのは富山市議会である。市議会のベテランの実力者議員の疑惑への地元マスコミ（チューリップテレビ）の取材に端を発し、次々と他の議員の疑惑へと拡大し、結局一四人の市議が辞職するに至ったのである。

地方議員の役割と求められるもの

このような問題が報じられるたびに、地方議員のレベルの低さが問題にされ、地方議会が無駄にお金を使っているのではないかという批判が高まる。そして、議員報酬のカットや政務活動費のカットないしは廃止、さらには議員定数の削減などが、**地方議会改革**の目玉として注目されるのである。もちろん政務活動費の不正支出は問題視されねばならないし、そうした問題が生じないように対策が練られなければならない。しかし、政務活動費は不必要なのかどうか。それと合わせて議員報酬や議員定数の問題ももっぱら「無駄」なものとして考えてよいものなのかどうか。この点はちょっと頭を冷やして考えてみる必要があるだろう。

例えば、地方議会議員のなかでも、小規模な市や町村の議員の議員報酬は非常に低額である。また、政務活動費を支給していない議会もある。さらに言えば、議員というのは四年に一度選挙という審判を受けるのであり、そこで落選すると収入の道は途絶える。きちんと政策を勉強しようと思い書籍を購入したり参考になる施設や自治体についての視察や調査をしようとすれば、それなりにお金もかかる。議員報酬は限りなく少なく、政務活動費はなくてよいと主張する人は、ではいったい地方議員に何を求めているのだろうか？　単なる名誉職でよいと考えているのだろうか？

実は、近年、小規模な自治体では議員のなり手がおらず、議員の高齢化が深刻になっている地方議会も少なくない。地方議会の改革の問題の一つは、改革の入り口にお金と数の問題があり、その次に議員活動や議会活動が考えられていることにある。発想を逆にして、議員の活動や議会の活動としてどのようなことが必要なのかということを出発点にして、それに要するお金や数の問題を考えてみる必要があるのではないのだろうか。

4　自治体ポピュリズム

問題は地方議会や地方議員ばかりにあるわけではない。二元代表制のもう一つの代表である首長についても考えてみる必要があるだろう。実は、二元代表制といっても、地方議会よりもずっと大きな権限をもっているのが首長であり、首長のあり方次第で、自治体の政治は大きく左右されると言っても過言ではない。

近年の自治体政治における首長の問題としてクローズアップされているのは、**ポピュリズム**的な手法を駆使する首長の登場である。大阪府知事、大阪市長を歴任した橋下《はしもと》徹が最も代表的な例であるが、古くはかつての田中康夫長野県知事、最近では小池百合子東京都知事が同じタイプの首長とみなされている。これらの首長に共通しているのは、明確に設定された敵に対する激しい攻撃と巧みなマスコミの利用である。善悪二元論に立つ敵への攻撃が人々の共感を呼び、既成勢力とは一線を画する新しい政治への期待を人々に抱かせるのである。

ポピュリズム的な首長の何が問題なのだろうか？　一つには、ポピュリズム的な首長が行う敵への攻撃がしばしば人々の感情的な部分に訴えかける方法を取ることを指摘できる。その結果、冷静な政策的な議論につながらないことがしばしば生じる。例えば、小池知事による築地市場移転問題では、移転先の土地汚染問題などがセンセーショナルに取り上げられ政敵のバッシングに利用されたものの、移転問題自体の政策的な議論は深まることなく終わった。あるいは橋下大阪市長は、ともに大阪維新の会を結成した同志的な存在である松井大阪府知事と組んで「大阪都構想」を唱え、二〇一五年の住民投票では小差でNOとなった。さらに二〇二〇年に再度行われた住民投票でも一万七千票あまりの差で否決された。二度にわたる住民投票には膨大なエネルギーが注がれたが、結局、府と市の二重行政の問題や大阪の地盤沈下からの脱却策についての議論が深まったわけではなかった。

ポピュリズム的な首長により自治体政治が混乱した場合もある。典型的な例が鹿児島県阿久根市の竹原市長の例であろう。同市長は、激しい議会批判と公務員批判を繰り返し行い、そのことによって支持を獲得した。しかし、議員定数の突然の大幅削減や市役所職員に対する処分の強行等、市長が繰り出す強引な手法は市政に大きな混乱をもたらした。また、市長を支持する住民と批判する住民の間の亀裂も深まることとなった。

5　地域に暮らす私たちにできること

アクターとしての住民

このように、これまでの三〇年間で自治体を取り巻く環境も自治体自体も大きな変化を遂げてきた。しかし、地方議会とそれを構成する議員について見たように、自治体の政治には旧態依然とした部分が多く残っており、自立した自治体運営を担うだけの能力を十分に有しているとはいえない。もちろん、**議会基本条例**の制定をはじめとする様々な議会改革の取り組みも行われてきているが、一部の先進的な自治体を除いてきわめて不十分というのが実情である。また、首長についても、ポピュリズム的な首長として注目を浴びるものの、むしろ（それゆえに）政策的な検討が不十分なまま打ち上げ花火的な人気取りの政治を行う首長も少なくない。

このような自治体の政治を担う首長や議員のあり方を嘆いてみても始まらない。そこにとどまるならば、私たちは自治体の政治に対する単なる観客にしかすぎないのではないだろうか。少し考えてみればわかるように、どんなに首長や議会の議員に問題が多かったとしても、彼ら・彼女らを選んでいるのは有権者自身である。また、投票に行かない人々は無関係かというとそうではない。棄権という行為は、選挙に対する自らの意思表示を示さないままに、選挙結果を容認していることを意味するからである。

また、一九九〇年代に多くの地域で試みられた住民投票という手段も、住民が自治体の政治にアクティブに関わる手段としては有効である。一般的に言って住民投票の場合、**単一争点**（シングルイシュー）**主義**といって、明確なひとつの争点をめぐって賛成か反対かを問うことが多い。そして原発や産廃など、地域の生活に大きな影響を与える問題が対象になるので、自治体の現状だけではなく自治体の将来を住民自身が考えることにつながると言えるだろう。

選挙や住民投票ばかりでなく、もう少し日常生活の延長線上でアクティブに関わる手段も存在する。例えば、**パブリックコメント**というのをご存知だろうか？　これは自治体が何らかの事業を行う場合に、その計画や概要を事前に公表し、その中身に対する疑問や意見を広く集めることを指している。出された疑問や意見に対しては必ず理由も添えて回答しなければならず、事業の修正や見直しなどにつながるかもしれない。また、最近では、自治体の各種の審議会で委員の公募を行う場合も少なくない。もし関心のあるテーマについての審議会委員の公募があれば、それに応募してみてもよい。いずれにしても、私たちがちょっと知恵を働かせれば、あるいはちょっと情報のアンテナをはってみれば、住民として関わることのできる手段は結構多いことに気づくだろう。

コロナ禍からの問いかけ

地域の政治の重要性を改めて知らしめたのは、新型コロナウイルス感染症をめぐる一連の事態だった。二〇一九年末に中国の武漢で発生したこの新種のウイルスは、二〇二〇年に入りパンデミック（世界的大流行）へとつながり、日本もまた対応を迫られた。そのなかにあって、新型コロナ対応民間臨時調査会による『調査・検証報告書』（二〇二〇年一〇月発行）が、コロナ対応において「注目されることのひとつは、国だけではなく、地方自治体、特に都道府県が対策の前線に立ってきたこと」（三五八頁）と述べているように、私たちは頻繁に自身が暮らしている地域の知事や市町村長の会見を見るようになった。

緊急事態宣言を発出するのは国であるが、事業者に対してどのような規制をかけ、どのような補償を行うのか、地方自治体にかなりの判断が委ねられている。また、学校を休校措置にするかどうかも、各地域の教育委員会が判断する。また、この間の国の施策そのものも、地方自治体側からの声に促されて行われた部分が少なくない。地方自治体は、感染症対策の最前線を担っており、各地域の様々な条件に応じた対応を迫られる。大都市と農山漁村とでは、さらに本土から海を隔てた島しょ地域とでは、対応に異なる部分が生じるだろう。国の施策が有効性を高めるためにも、こうした地域の多様性が視野に入れられねばならない。

このように、私たちの生活に密着して政治を行う役割を地方自治体は担っており、同時にまた、多様な地域に目配りした国の政治ができるかどうかも、地方自治体のあり方に左右されている。この間のコロナ禍とそれをめぐる対策は、私たちにとっての地域の政治のあり方を見直してみる機会を提供しているのである。

地域の問題に向き合おう

改めて、私たちが実際に暮らす地域そのものについて考えてみよう。

「ふるさと創生」と「地方創生」について論じたように、私たちが現在暮らす地域は、もはや「ふるさと」が存立不可能なほどに衰弱が進行している。若者の流出は止まらず、高齢化が進み、目立った産業もない。むしろグローバル化の進展に伴い、せっかく誘致した企業が海外の安い労働力を求めて逃げていくケースすらある。『地方消滅』という本がベストセラーになったのも、こうした地方の現状に対する人々の不安感にマッチしたからであろう。しかし、『地方消滅』という本をよく読んでみると違和感をもたざるをえない。というのも、この本が本当に述べたいことは、「消滅」に瀕する「地方の危機」以上に「東京の危機」にあるのではないかという点なのである。本には、今後の少子高齢化により「消滅可能性」のある具体的な自治体名が列挙されているが、地方の人口減をほったらかしにしていると、東京への人口流入が止まり、その結果東京が急激に超高齢化都市になるだろう、というのである。これを回避するために、地方の拠点都市を中心とした再編を行い地方に一定の人口がとどまるようにする。このことが意味するのは、地方の拠点都市以外の地域、すなわち「地方のなかの地方」は切り捨ての対象になるということではないだろうか。

このような「地方消滅」論の議論の延長線上に、現在の「地方創生」政策が展開されていると言ってよいだろう。「地方創生」は、危機に立つ地域の内在的な視点から出発するのではなく、東京の危機、あるいは東京の危機を含む国家の危機という視点から出発して組み立てられていると言えよう。したがって、「地方創生」のための総合戦略を評価するのは、中央政府でなければならないのである。確かに私たちが暮らす地域は、国家のなかの一部に過ぎないし、常に他の地域と相互の影響関係をもっており、特に対東京との関係を抜きにして考えることはできない部分はあるだろう。しかし、そうした観点からは、地域の問題を自らの問題として考える土壌は育たないだろう。

では、地域の問題を自らの問題として考える土壌とはどのようなものなのだろうか。東京の問題や国家の問題はとりあえず横に置いて、まずは地域の来歴や現状を、「暮らしやすさ」の観点から、あるいは逆に「暮らしにくさ」の観点から考えてみよう。より「暮らしやすい」地域にするために必要なことは何か、「暮らしにくさ」の原因はどのようなところにあり、それを解決するにはどうしたらよいのか。できれば、ともに地域に暮らす他の人々と考えを出し合い意見を述べ合うことから始めてみよう。そのことをきっかけにして、自治体選挙での自らの投票について考えてみたり、パブリックコメントに意見を提出してみたり、審議会委員の公募に応募してみたりといった、次の一歩につなげていけるかもしれない。これまで気づかなかった身近なところから出発し、具体的な次の行動に結びつける。地方の政治、自治体の政治は、私たちが政治に参加し行動するうえで可能性に満ちた空間なのである。

✎考えてみよう

あなた自身が生まれ育った地域、あるいは現在暮らしている地域について、過去の市町村合併の有無や市町村合併をめぐる議論について調べ、市町村合併が地域社会に対して与える影響について考えてみよう。

第Ⅱ部

変容する世界からの問い

第４章

なぜ、米軍基地は日本に存在しているのか

学ぶポイント
・日米安全保障体制の仕組みを「日米の一体化」の観点から考えてみよう
・日米地位協定において、なぜ米軍が日本政府よりも優位な地位にあるのか
・私たちの日常生活と在日米軍との関係について考えてみよう

1　「脅威」を考えてみる

朝起きて、通勤や通学の準備をし、いつもの時間に出かけていく日々の日常を営むなかで、「安全保障」や「基地」について思いをめぐらせるという人は、専門家でない限り、そう多くはないだろう。人々の無関心がそうさせているというよりも、日常生活と「安全保障」との接点そのものを想起しにくい状況があるように思える。その例が、「安全保障の問題は政府の専権事項であって、

私たちがどうこうできる問題ではない」という認識や、「北朝鮮や中国の脅威に備えて、在日米軍に日本は守ってもらっている」という素朴な「安心感」であろう。

他方で、そういった「安心感」も、脅威の根源を「外部」に求めている以上、その外部の「不穏な動き」（領海近くを軍艦が航行した、軍事予算を拡大させた、等）ひとつで、「恐怖」（よく言えば危機感）へと転化する。「内閣官房国民保護ポータルサイト」は、日本に向けて他国から弾道ミサイルが撃たれたときを想定して、ミサイル落下時の避難行動の方法を紹介している。例えばＪアラートによる緊急情報を各人の端末（携帯電話など）に発信することや、建物が近くにない場合は、地面に伏せて頭を抱えるといった避難行動を喚起している（内閣官房国民保護ポータルサイトＨＰより）。日本の各地でも、これをもとにした避難訓練がなされている。こうした国家（政府）主導の「国民保護」体制の浸透が、ますます「安全保障の問題は政府の専権事項」という私たちの意識を強化させていく可能性もある。

しかし、実際に日本の空から落下してきたものは、他国のミサイルではなく、その「脅威」から「守ってくれているはず」の米軍機そのものであった。例えば、二〇〇四年八月一三日の昼間に**米軍大型ヘリコプターが沖縄国際大学構内に墜落した事件**がある。夏期休校中であることが幸いしてか学生や教職員への被害はなかったものの、校舎の一部が損壊するなどの被害を受けた。また、この事件は、単に米軍機が民間地区に落ちて危険なことが起きた、というだけの問題にとどまらない。米軍は事件発生後ただちに、大学当局の許可なく大学構内の事故現場に立ち入り、実力で現場を占拠したうえで立入禁止区域を設定し、事件現場の写真撮影を行おうとした市民の行動を妨害・制限し、沖縄県警の検証同意書に応じず、三日後、勝手に大学構内に入って立木等を伐採したうえ、機体残骸を持ち去り、現場の表土を削除して持ち去った（新垣・二〇〇六：七三-七五）。つまり、日本の司法権が及ぶはずの民間区域から、本来捜査権をもつはずの日本の警察が排除され、米軍による一方的な捜索・処理が行われたのである。

したがって、ここで立ち止まって考えてみたいことは、「外からの脅威から守ってくれている」はずの米軍機や米兵（包括して在日米軍）が、日本よりも優位に立ちながら、私たちの日常生活に危険を与えているという事実である。「安全保障」の問題を考えるためには、「外からの脅威」とは何かを考察することも重要ではあるが、また一方で、「安全保障環境が悪化する」昨今、私たちに「安心感を与えてくれている」はずの在日米軍とは、私たちにとって、いったいどのような存在なのかを考えることも重要であろう。そのために、次節以下で、在日米軍およびその存在の前提となる**日米安全保障体制**の仕組みを概観してみたい。

2　日米安全保障体制の仕組み

日米の一体化

一九四五年九月二日の第二次世界大戦降伏調印後、主にアメリカ軍を中心に編成された連合国最高司令部（GHQ／SCAP）による日本占領統治が開始された。当初は日本の非軍事化と民主化を進める占領政策が展開されていたが、米ソ冷戦という新しい国際状況のもと、共産主義勢力に対する防波堤の役割を期待された日本では、親米体制のもとでの戦後復興政策が優先されるようになった（このことを「逆コース」という）。この流れのなかでアメリカ側は、日本に軍事拠点としての役割を期待し、連合国による占領統治が終わった後でも米軍を日本に駐留させる方法を模索するようになる（アメリカなどによって発表され日本が受諾したポツダム宣言には、連合国の占領終了後には占領軍は撤退することが義務づけられていた）。そこで占領統治からの日本の独立を認めることになるサンフランシスコ講和条約の調印日の同日（一九五一年九月八日）に、日米間で締結されたのが**日米安全保障条約**である。その後、一九六〇年一月にその安保条約が改定されたことから、前者は「旧安保」、後者は「新安保」と一般的に言われている。旧安保・新安保の共通点は、前者では第一条に、後者では第六条に、アメリカの軍隊が日本国内の「施設及び区域」（いわゆる基地）を使用できる、という文言があることにある。安保体制の基本的な特徴を一言で言えば、日本側から見れば「基地提供条約」となる。

では、その日米安全保障条約を基軸とした日米安保体制を日米両政府は、外交・安全保障政策上、どのように位置づけているのかを**表1**も参照しつつ簡潔に概観していこう。Ⅰ期は、GHQによる米軍日本占領が終了した後にも続けて米軍が駐留することができるようにした段階で、米軍の日本に対する防衛義務を負わないという点で「片務性」が当時の論点のひとつになっていた。その

表1　日米安保体制の変遷

	条約／法律名	成立年	日本側の協力			在日米軍の行動範囲	米軍の地位	脅威対象
Ⅰ	旧日米安全保障条約	1951	基地提供［在沖米軍基地面積の割合*］1952年：10% 1960年：50% 1974年：75% 2020年：70%			極東	行政協定	ソ連 中国
Ⅱ	新日米安全保障条約	1960		自衛隊提供（専守防衛）		極東	地位協定	
Ⅲ	PKO 協力法	1992		自衛隊提供（日本周辺）		日本周辺		中国 北朝鮮
	安保再定義	1996						
	新ガイドライン	1997						
	周辺事態法	1998						
Ⅳ	イラク特措法	2003		自衛隊提供（アジア太平洋［インド洋含む］）	民間力提供	アジア太平洋［インド洋含む］		中国 北朝鮮 テロ
	有事法制	2003～04						
Ⅴ	ガイドライン改訂	2015		自衛隊提供（グローバル）	民間力提供	グローバル		中国 北朝鮮 テロ
	安保体制							

出所：筆者作成。＊は（前田ほか編・2013：29・58）をもとに算出。2020年は沖縄県HPより。

後、米軍の日本防衛義務（条約第五条）が加えられたのがⅡ期である。冷戦終結後の日米安保の存在意義の再解釈が進められ、日本の自衛隊が「国際貢献」の名のもとで海外に展開し始めたのがⅢ期である（カンボジアへのPKO参加がその端緒）。Ⅳ・Ⅴ期は、**「日米同盟」の一体化**が進む段階であり、在日米軍も自衛隊も「シームレスに」（垣根なく）国際的な安全保障環境に対応するためにグローバルに対応することを志向している。

　アメリカにとっての在日米軍基地はどのような位置づけなのだろうか。陸軍・海軍・空軍・海兵隊の四軍から成るアメリカ軍（行政機関としては国防総省で一括されている）は「欧州軍」、「アフリカ軍」、「インド太平洋軍」といった地域別部隊編成を行っている。この体制を支えているのが、米本国および米領内に四二六八カ所、そして米領以外の海外にある五八七カ所（資産価値が一〇万ドル以上の大型基地に限定）も張り巡らされている米軍基地である。そのなかで在日米軍基地は「インド太平洋軍」の傘下にはいる。なお、在日米軍の兵力数は米軍全体の〇・〇三九％にすぎない（梅林・二〇一七）。すなわち、アメリカにとっての在日米軍基地の位置づけは、アメリカの安全保障・国防政策の構成要素にすぎない、ということである。

日本側の動向については、在日米軍基地の行動範囲のグローバル化と同時進行的に日本の自衛隊の海外展開の道が法体系において切り開かれていることが表1からも一目瞭然であろう。現場レベルでは、日米合同軍事演習も多く展開され、二〇一五年八月一二日の沖縄県うるま市伊計島沖での米陸軍ヘリ墜落事故の際には、一名の陸上自衛隊員も訓練のためにヘリに同乗しており、怪我を負っている（『沖縄タイムス』二〇一五年八月一三日付）。

日米地位協定とは何か

新・旧日米安保条約には、日本における米軍基地を具体的に運用していくためのルール作りや米軍の法的地位ついては別の取り決めで具体化されるとの条文も盛り込まれている。その取り決めのことを、旧安保体制では「**行政協定**」、新安保体制では「**地位協定**」と呼ぶ。ここで重要な点は、日本政府側にとっての旧安保から新安保への移行の主眼が、アメリカとの「対等性」の確保にあったということである。実際、旧安保体制は日本にとってきわめて米軍に対して従属的であり、それは一九五二年に成立した日米行政協定から読み取ることができる。例えば**刑事裁判権**を扱う第一七条には、以下の三点が盛り込まれていた。①在日米軍基地の内／外にかかわりなく、米軍の財産に対する捜索・差し押さえを行う権利を日本側は有しない。②米兵、軍属（米軍に雇用される者）およびその家族が日本国内で犯すすべての犯罪についてはアメリカ側が専属的裁判権をもつ。③たとえ日本の警察が在日米軍基地の外での米兵や軍属を逮捕することができても、ただちに米軍に引き渡す。このようなアメリカに対するあからさまな従属性に対しては当時の日本政府内や国民の間に当然ながら反発があった。

そして、その一年後の一九五三年に行政協定の改定がなされ、第一七条に見られる刑事裁判権における日米の非対称性（米軍に優位の条件）が条文のうえでは緩和されるようになった。具体的には、①の文言はすべて削除され、②と③については、「公務中」の犯罪であればアメリカ側が、公務時間外の犯罪であれば日本側が裁判権をもつこととされた。この行政協定の改定の内容は、一九六〇年に結ばれた地位協定にも引き継がれている。

ここまで見ると、前節で紹介したようなアメリカに優位な形で米軍による事故処理がされていくことは難しいのではないか、と思われるかもしれない。しかし、公開されることを前提とした条約や協定に日米の「対等性」を「わかりやすく」表現する一方で、実際にはアメリカに優位な形で米軍の地位を保証する仕組みが別に存在している。それについて次節でより詳しく見ていこう。

3　基地外での米軍機事故処理をめぐって

基地外での米軍機事故処理に関する運用実態は、地位協定第一七条の本文を見るだけではあまり見えてこない。実際には、地位協定（旧・改定行政協定）には、「**地位協定（旧・改定行政協定）についての合意議事録**」（以下「合意議事録」という）が付属され、各条文の運用についてのより具体的な方法が明記されている。この「合意議事録」は、一九五三年九月二九日付で、行政協定の改定と同時に発表されたものである。では、具体的に第一七条についてどのような合意がなされたか、以下引用してみよう。

日本国の当局は、通常、合衆国軍隊が使用し、かつその権限にもとづいて警備している施設および区域内にあるすべての者もしくは財産について、また所在地のいかんを問わず合衆国軍隊の財産について捜索、差し押さえ、または検証を行なう権利を行使しない。ただし、合衆国軍隊の権限のある当局が日本国の当局によるこれらの捜索、差押又は検証に同意した場合は、この限りではない。

お気づきだろうか。実はこの一文は、前節で触れた、一九五二年に施行された改定前の行政協定第一七条とほぼ同じ内容のものである。アメリカに対する従属性を緩和させるために改定版行政協

図1　地位協定17条に関する日米間における取り決め

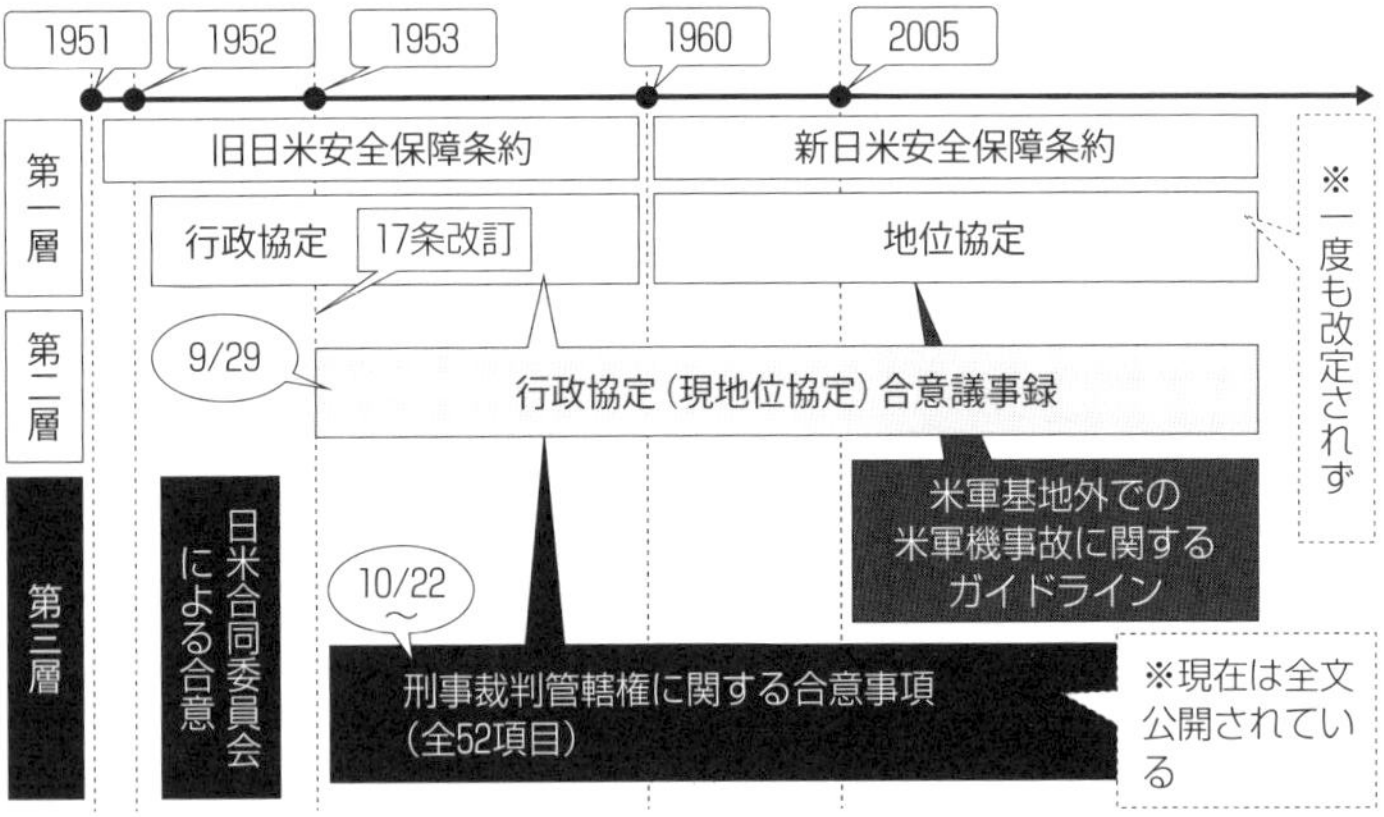

出所：（吉田・2010），（布施・2010），外務省HPをもとに筆者作成。

定から削除したはずの文言が、「合意議定書」のなかでは生き続けていることがわかる。ここから読み取れることは、改定版行政協定およびそれを引き継いだ地位協定で一見、日本側のアメリカに対する従属性を緩和させたとみられる第一七条について、「合意議定書」を付属させることで、アメリカの優位性がしっかりと確保されているという事実である。

　こうした日米間の合意は、「合意議定書」にとどまらず極秘レベルでも進められた。ここから話が少し煩雑になってくるので、図1に注目していただきたい。これは日米地位協定第一七条に関する日米間の取り決めを時系列に整理したものである。よりわかりやすくするために便宜上「三層構造」として捉え、前節で触れた安保条約・地位（旧行政）協定を「第一層」、先ほど触れた「合意議事録」を「第二層」とした。これらの文書群は公表されることを前提としているという点で法体系的には同じ範疇にはいる。しかし、「第三層」については、日米合同委員会（地位協定〔旧行政協定〕に基づいた米軍代表と日本外務省事務代表による協議機関）で一九五三年一〇月二二日から順次作成された「**第一七条（刑事裁判管轄権）に関する合意事項**」（以下「合意事項」という）は、民主党政権時代の二〇一一年に外務省によって公開されるまでは、一部を除き、非公開扱い（＝合意等は存在しないという自民党政府の見解）された。

ジャーナリストや研究者によって、一種の「密約」にあたると指摘されているこの「合意事項」は、地位協定（旧行政協定）第一七条に関する運用準則を「合意議事録」よりもさらに細かくアメリカが優位になるように策定されたもの（全五二項目）で、その第二〇項「合衆国軍用機の事故現場における措置」は、以下のような文章になっている。

> 合衆国軍用機が合衆国軍隊の使用する基地外にある公有あるいは私有の財産に墜落又は不時着した場合には、適当な合衆国の代表者は、必要な救助作業または合衆国財産の保護をなすために、事前の承認なくして公有または私有の財産に立ち入ることが許されるものとする（略）。（傍点筆者）

つまりこの文章は、アメリカ側が「必要」と判断しさえすれば、日本の当局から承認を得ずして、基地外に墜落した米軍機等の「財産」回収のために事件区域に立ち入ることができることを意味している。こうした刑事裁判権に関する第一七条規定の「三層構造」によって、米軍機事故時の処理において、アメリカ側が優位に進めることが可能となっているのである。

ただ、そうとはいえ、一九六八年六月の九州大学への米ファントム機墜落事故、七七年九月の横浜市緑区での米ファントム偵察機墜落事故、八八年六月の愛媛県伊方原発近くでの米軍ヘリ墜落事故の三件について、米軍は日本の警察などの現場検証を認めていた。おそらく反基地・反米感情の高揚を恐れてのことと推察できようが、前述したように二〇〇四年の沖縄国際大学米軍ヘリ墜落事件では、米軍は基地外の区域で、日本の警察当局を現場から閉め出して捜査と封鎖を行うという事態を引き起こした。沖縄では本土と違ってこのようなことが平然となされていたのである。

この事態に対して、当然ながら沖縄県内から反発を招いたこととも相まって、日米合同委員会によって、二〇〇五年四月一日に「**米軍基地外での米軍機事故に関するガイドライン（指針）**」が策定・公表された。しかしその内容は、米軍機の墜落事故が生じた場合には、事故現場周辺の「**内周規制線**」とその外側で見物人等の立ち入りを防ぐ「**外周規制線**」を設け、前者は日米共同で、後者は日本側（警察当局）によって規制されることになっている。ただし、事故機の残がいと部品は米側が管理することになっている。つまり、米軍機が事故を起こした場所は、日本の国内にもかかわらず、基本的に米軍の指揮下におかれ、日本国民が米軍の命令に従わなければならなくなったのである（前泊編・二〇一三：一〇八―一四）。今後は沖縄だけではなく本土でも沖縄国際大学事件のような事態が起こる可能性がある。日米の一体化の文脈の陰で、日本の本来もつはずの主権そのものが危機にさらされていると言えよう。

4 「思いやり予算」とは何か

日米安保体制における日米の一体化は、基地提供、軍事力（自衛隊）提供のほかにも「必要経費の提供」という点からも支えられてきた。日米地位協定第二四条では、①日本は施設および区域を無償（＝日本負担）で米側に提供し、②その維持にともなうすべての経費（改修整備や基地労働者の人件費）は米側が負担することになっていた。しかし、一九七八年以降からの財政赤字とドルの下落のあおりを受けたアメリカは、高騰する基地労働者の人件費や施設改修費に対応できなくなったとして、本来ならば改定を必要とするはずの「地位協定」に手をいれないままの負担増を日本側に要求するようになった。それを受けて日本側は一九七八年度予算に駐留従業員の福利厚生費のうち六一億八七〇〇万円分を「地位協定の枠内」に計上した。この支出について、当時の金丸信防衛庁長官が参議院内閣委員会で「やはり日米関係が不可欠である以上、（中略）日本で円高ドル安という問題、信頼性を高めるためにはいわゆる思いやりというものがあってしかるべきだ」と発言したことから**「思いやり予算」**と呼ばれるようになった（前田・林・我部編・二〇一三、明田川・二〇一七）。

一九八〇年代・九〇年代には、この「思いやり予算」は、基地内の家族住宅や環境関連施設などを含む「基地維持費」全般、米兵家族分を含む光熱水費、訓練移転費までもその対象となっている。

図2は、防衛省が公表している二〇二〇年度の在日米軍関係経費内訳における「思いやり予算」の

図２　在日米軍関係経費の費用項目

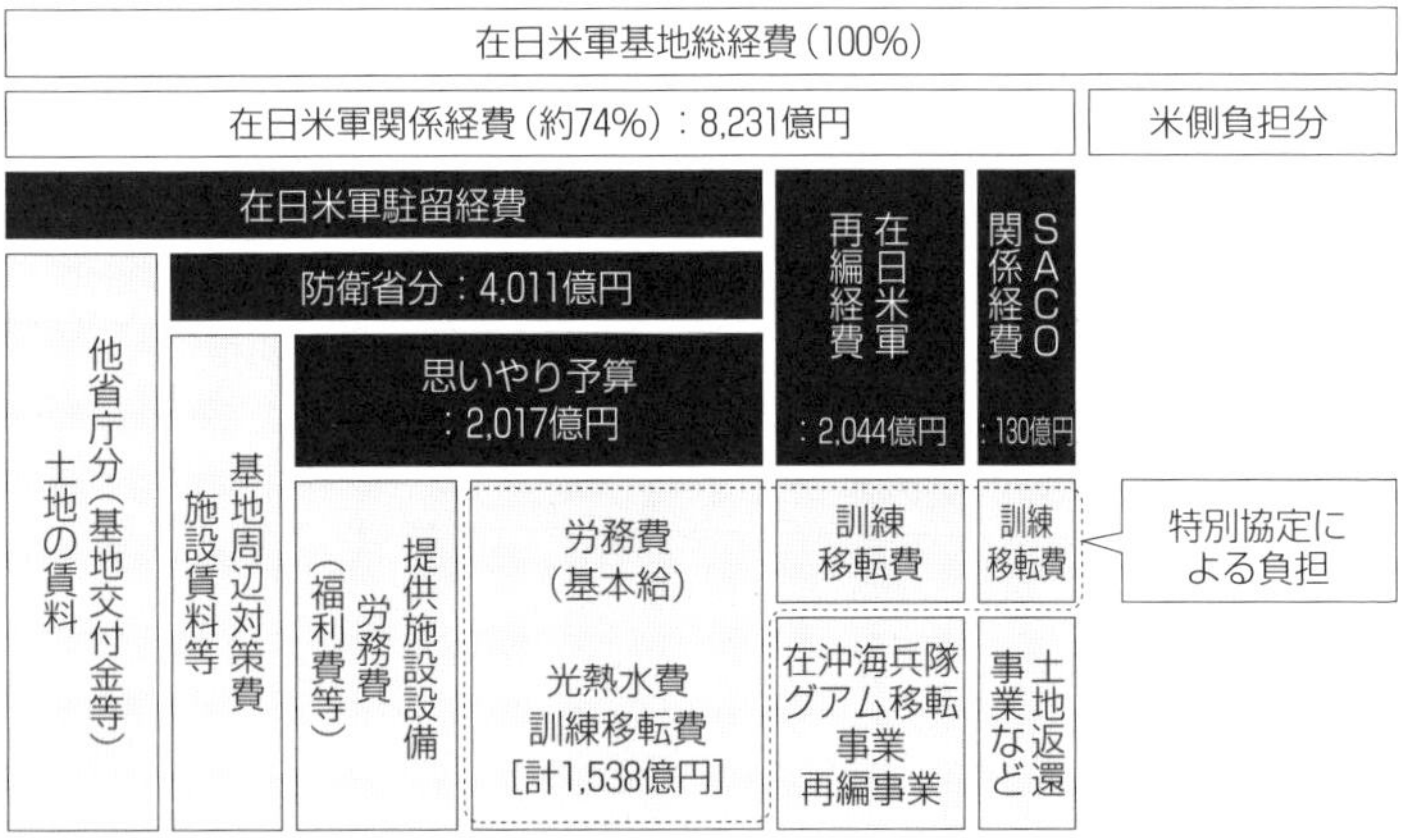

出所：（防衛省・2021：284）をもとに筆者作成。

位置づけを図式化したものである。当初の六一億円から約三五倍も膨れ上がっていることが読みとれる。「思いやり予算」などで増大した日本負担分の在日米軍関係経費は、例年アメリカ負担分も含めた総経費の七四％程度を占めているという。この日本側の負担率の高さは、米軍基地受入国の負担率――ドイツ（三二％）、韓国・イタリア（四〇％）――と比較しても一目瞭然であろう。仮に日本側の負担率を韓国の水準で算出すれば約四千億円を節約することができ、この金額で国公立大学の学費約四三〇〇億円分をほぼまかなうこと（＝学費無償化）が可能になるということは参考として指摘しておきたい。

5　私たちにとっての安全保障

日米安保体制を支える安保条約および地位協定

に基づいて、日本はアメリカに対して基地（土地）、軍事力（ヒト）、運用経費（カネ）を今もなお提供し続けている。そのなかで、米軍基地事故処理についても、アメリカ優位に進められる仕組みが地位協定第一七条に関する三層構造によって整えられている。条約を締結・承認したり、法律を制定したり、国家予算を策定したりすることができるのが国会議員および内閣であり、彼らを選挙という手段で私たちが選んでいる（一八歳未満のみなさんは将来選ぶことになる）以上、安全保障に関わる諸問題は私たちと無関係であるとは決して言えないのである。

近年では、安全保障の概念そのものを従来の軍事中心だけではなく、「人間」中心に考えていこうとする動きも出てきている（遠藤・二〇一四）。環境、経済、食料などの様々な視点から、「安全保障」のもつ本来の語感（＝セキュリティ）を取り戻して、中長期的な視点で、人間の「生存」を一人ひとりが考えていけるような社会づくりが必要になってこよう。そうは言っても、日常生活（学校、仕事、育児、介護など）を過ごすことで精一杯であり、先のこと、普遍的なことよりも、今の自分ないし自分の家庭・家族が大事だと思われるかもしれない。実は、そこをスタートラインにすることはとても重要なことである。自らの生活実践を通じて育まれた地域社会環境に対する具体的な問題意識の延長線上に、普遍的な「生存」の問題へとつながっていくからである。

具体的な生活実践と普遍的な「生存」の問題を媒介してくれるのが、本書の第3章でも扱われる「**地方自治**」であろう。戦前は単なる国の出先機関でしかなかった地方自治体は、日本国憲法第八章「地方自治」とそれに基づいた地方自治法によって「住民の福祉の増大を図る」主体として認知されている。「私たち」という主体を考えるうえでもより具体性をもたせてくれる「地方自治体（地域）」にも、安全保障に関してできることはある。例えば、広島・長崎の「平和宣言」や神戸の「核兵器積載艦艇入港拒否決議」などはその好例であろう。また「非核宣言」を行っている地方自治体の数は、二〇二〇年一二月現在で、全国で一六五三市町村（全自治体の九二％）にも及ぶ（ピース・アルマナック刊行委員会・二〇二一：二二六）。個人の力ではとうていどうすることもできないと考えてしまう安全保障の課題でも、「地域」という主体で考えていくことは可能である。これこそが、「私たちにとっての安全保障」を考えていくことに他ならないのである（池尾・伊波・井原・二〇一〇）。

最後に、筆者の生活拠点である沖縄という地域から、安全保障との関わりについて述べておきたい。二〇二一（令和三）年版の『防衛白書』における「沖縄における在日米軍の駐留」という項目では、（アジア）大陸と太平洋間のアクセスの面から「安全保障上極めて重要な位置」にある沖縄への「高い機動性と即応性」を有する「米海兵隊などの米軍」の駐留は、日本と「インド太平洋地域」の「平和と安定に大きく寄与している」と明記されている（防衛省・二〇二一：二八五）。実際に、沖縄の米軍基地に占める米海兵隊基地——北部訓練場、キャンプ・シュワブ、キャンプ・ハンセン、キャンプ瑞慶覧、普天間飛行場、牧港など——の割合が約七割となっている。しかし、この米海兵隊が沖縄に移駐してきたのは朝鮮戦争終了後の一九五〇年代後半からであり、ちょうどこの時期は、本土において米兵による犯罪に比例しての反基地闘争（砂川闘争、板付闘争など）が各地で頻発した時期と重なる。反米感情の高まりを恐れた日米両政府が、当時米軍統治下にあった沖縄に米軍基地を集中させることで、本土での米軍基地の実態を不可視化させようとしたということも少しずつ解明されつつある。こうして図2にあるように、在日米軍専用施設に占める沖縄の割合が、日米安保体制成立時の一〇%から大きく上昇し、現在では約七一%が日本の国土面積の〇・六%でしかない沖縄に集中している。

一九七二年の本土復帰以降の米軍機の墜落事故は約五〇件にのぼる。リアルに空から「危険物」が降ってくる沖縄で生活する筆者からみれば、冒頭で触れた内閣官房の国民保護ポータルサイトによる避難行動の指針に、現実性があるのかどうか疑問を感じざるをえない。近年では、米軍施設由来の環境汚染の可能性も指摘されている。例えば、二〇一六年一二月に一部返還された北部訓練場返還地には、現在も米軍が廃棄・放置したままの砲弾や弾薬箱などが残ったままになっている（宮城・二〇二二）。また、普天間飛行場から、国の暫定指針値の約一三倍にあたる量の有機フッ素化合物（PFOS／PFOA）を含む汚水が放出されたことが報道で明るみになっている（『沖縄タイムス』二〇二一年九月一一日付）。

日米安全保障条約第五条規定で、日米の相互防衛が盛り込まれたとはいえ、自国の憲法にしたがって運用することになっている以上、在日米軍は「日本を守る」ことを本質的な駐留目的としているわけではなく、地域住民の健康と安全を軽視しながら「次の来たる戦争」のために粛々と準備・訓練をしているに過ぎない。だからこそ、私たちの安全保障にとって在日米軍ははたして必要なのか、という疑問も、経済的に苦しんでいる若い世代が大学で「安全保障」について深く議論できるように大学学費無償化を導入することを「思いやり予算」よりも優先すべきではないか、という提起も十分成立するのである。

私たちの日常生活のすぐ近くに安全保障をめぐる諸問題は存在している。私たちが生活する地域を足がかりにして、「生存」という普遍的価値を追求していくなかで、自分自身の問題、地域の問題として、そして単なる「今」だけではない、少し先の未来への展望をもって、過去に学びながら主体的に安全保障という難問と向き合っていく／考えていくことが求められている。

✎考えてみよう

自分の住む地域内あるいは近隣の米軍基地施設をひとつ選び、その基地に関連する事件や事故等の事例とそれに対する地域住民の反応について地元の新聞などから調べてみよう。

第5章

核は平和をもたらしてくれるのか

学ぶポイント
- 核の時代は、いつ、どのように始まったのか
- 日本はこれまで核にどのように向き合ってきたのか
- 核のない時代を求める動きはどうなっているのか

1 「核の時代」と私たち

核の軍事利用と平和利用

「核の時代」という言葉を聞いて、あなたは何を思い浮かべるだろうか。ヒロシマとナガサキ、戦争末期に二つの原子爆弾が投下された出来事だろうか。それとも、二〇一一年三月一一日の**東日本大震災**による福島第一原子力発電所で起こったメルトダウンのことだろうか。どちらも「核」の

問題に関わる大きな出来事である。前者は「核の軍事利用」、そして後者は「核の平和利用」という言葉で説明されてきた。これまでのところ日本は核兵器を保有しておらず、その意味では「核の軍事利用」に抑制的であったように見える。しかし、後に触れるように、この間日本がとってきた様々な行動は、必ずしもそうとばかりは言えない。また、二〇一一年の原発の大事故が起きるまでは、「核の平和利用」を旗印として原発建設に日本はまい進し、全国に五四基もの原発をつくってきた。さらに核燃料サイクル計画をいまだに続けているなど、他のどの国よりも「核の平和利用」に積極的だった。福島第一原発事故がそうした積極的な政策の帰結であるとするならば、私たちはこれまでの「核の平和利用」の推進自体について再考する必要があるのではないか。

ある意味で日本は不思議な国である。「世界で唯一の被爆国」であるとして、毎年八月には広島と長崎で原水爆禁止世界大会が開催され、国民の多くには核アレルギーがあるという指摘もしばしばなされてきた。しかし、日本中あちこちに原発が作られ、さらには海外に原発を輸出している日本の現状は、むしろ「核の時代」ときわめて親和的であるようにも見えてしまう。まずは、そもそも「核の時代」がどのようなかたちで登場してきたのか、そしてどのような推移のなかで今日の状況が生み出されてきたのかを考えてみよう。そして「核の軍事利用」と「核の平和利用」それぞれについて日本がどのようなスタンスをとってきたのかを振り返ったうえで、「核の時代」を克服するためには、政治にはどのような役割が期待されるのか考えることにしよう。

戦争と核

世界史のなかで未曽有の惨禍をもたらした**第二次世界大戦**のさなかに「核の時代」は始まった。原子爆弾の開発と実際の使用によってである。

ヒトラー率いるナチスドイツでの原爆開発に危機感をもった科学者たちは、ナチスドイツに先んじてアメリカが原爆を開発するよう政府に働きかけた。そうした働きかけのなかでアメリカ政府によって立ち上げられたプロジェクトが**マンハッタン計画**であり、多くの優秀な科学者の力が結集された。巨額の資金を投入した原爆開発は急ピッチで進められ、ナチスドイツに先んじて実用化の目途が立ちつつあった。ところが、原爆を実際に使用する以前の一九四五年五月にナチスドイツは降伏した。

同盟国側で第二次世界大戦を戦っている国は日本のみとなり、その日本でもまた原爆開発が進められていたが、陸海軍間のセクショナリズムや戦争末期の物資の欠乏などもあり、原爆の実用化からは程遠い段階にとどまっていた。この頃には、壮絶な地上戦が繰り広げられた**沖縄戦**（軍人軍属だけでなく、多数の一般住民も戦闘に巻き込まれ多くの犠牲者を出した）を経て、本土決戦を唱える一部の強硬派を押さえていつどのようなかたちで降伏するのかが問われ始めていた。七月には米英中により日本に無条件降伏を求める**ポツダム宣言**が発せられた。しかし、「**国体護持**」すなわち天皇制存続の確証が得られないということから、ポツダム宣言が発表されてもすんなりとは受諾できないまま時間が経過した。決定の遅れのなかで、八月六日に広島に、九日には長崎に原爆が投下された。

何のための原爆投下だったのか

広島と長崎への原爆投下により、両都市には地獄絵といってよい悲惨な状況が生み出された。戦時下の苦しい状況とはいえ、原爆投下の前日までは家族や友人や職場の仲間たちとの日常生活を送っていた人々の多くの命が瞬時に奪われた。また、運良く助かった人々は、その後長きにわたって当時の体験のトラウマと放射線被害による後遺症やその恐怖、さらには被爆者に対する差別など、苦難に満ちた戦後を歩んでいくこととなった。

すでに日本の降伏は時間の問題だったこの時期に、なぜアメリカは二発の原爆を投下したのだろうか。マンハッタン計画による原爆開発は、一九四五年六月のニューメキシコ州での実験成功により実用化段階に入った。この時にはすでに、ファシズムのイタリアもナチズムのドイツも降伏していた。当時の日本の状況を考えれば、原爆を実際に用いることなく第二次世界大戦を終結させることも不可能ではなかった。原爆の使用に踏み切った特段の理由とは何だったのだろうか。

当時のアメリカ大統領トルーマンは、もしアメリカが原爆を投下しなかったならば、対日戦争で多くの犠牲者を生み出すことになった、それを回避する手段として原爆を投下したのだと説明した。そして、戦後長らくアメリカの原爆投下に対する基本的な立場としてこの説明が用いられてきた。二〇一五年夏にオバマ大統領が現職のアメリカ大統領として初めて広島を訪れた。逆に言えば、オバマの来訪までアメリカの大統領は誰一人広島、長崎を訪れることはなかったのである。それは、広島と長崎への原爆投下を正当化する論理が崩れるからであり、アメリカにとって原爆投下は謝罪の対象とはなっていないからである。

しかし、原爆投下をめぐる多くの研究が明らかにしているように、原爆投下の理由はほかにあった。一つには米ソ冷戦（アメリカとソ連という二つの超大国を中心とする陣営間の対立）の開始に伴う対ソ政策の一環として行われたものであり、もう一つには原爆投下が実際にどれほどの威力や効果があるのかを測る一種の人体実験でもあった。国際政治における国家間の駆け引きと、巨大化する科学技術の自己目的化のなかで「核の時代」は幕を開けたのであった。

2　平和と核

第五福竜丸事件

「核の時代」の幕開けは、最初の一歩に過ぎなかった。原爆投下国であるアメリカの責任は何ら問われることなく、冷戦の時代が本格化するなかで、まずはソ連が、そしてイギリス、フランス、中国と、次々に核保有国に名乗りをあげていった。冷戦の主役である米ソ間の核軍拡競争は熾烈なものとなり、核兵器の威力と性能も日進月歩で強化・高度化されていった。仮に第三次世界大戦が起こりそこで核兵器が使用されたならば、それは人類の滅亡を意味するということが、決して非現実的な問題ではなくなっていった。

事実上アメリカによる占領下におかれていた日本では、広島と長崎への原爆投下についての言論は占領軍の厳しい統制下におかれていた。戦後の厳しい経済環境のなかで日々の生活に追われていたこともあって、敗戦後の日本人の多くは原爆投下について深く詳しく考える機会をもつこともなかった。占領が終わり、原爆投下に関するニュースや写真などがようやく人々に伝えられるようになった。

そうしたなか、核兵器の恐ろしさを思い知らされることになる衝撃的な事件が発生した。**第五福竜丸事件**である。一九五四年三月にアメリカがビキニ環礁で行った初の水爆実験は、南太平洋上に大量の死の灰をまき散らした。操業中の第五福竜丸は死の灰をまともに浴び乗組員たちが被曝したのである。静岡県焼津港に戻る途中から放射線被害が現れ、乗組員の一人はその後東大病院で亡くなった。

広島と長崎に次いで、再び日本が核の被害者となったと多くの人々が受け止めた。特に女性たちの危機感は強く、東京都の杉並区の女性たちにより原水爆禁止を求める署名運動が始まり、この運動はまたたくまに全国に広がっていった。そして、これをきっかけとして**原水爆禁止世界大会**が広島・長崎で開催されることになった。

核の平和利用

ちょうどこの頃に、核をめぐるもう一つの動きが本格化しつつあった。「核の平和利用」の動きである。一九五三年一二月、国連総会でアイゼンハワー米大統領が「核エネルギーの平和利用」に言及した。核軍拡競争にまい進していたアメリカは、ソ連に対抗するための同盟関係の強化や自国の核関連施設の有効利用といった観点から、「核の平和利用」を名目とする原子力発電の海外輸出に乗り出した。これに呼応する動きが日本でも始まり、第五福竜丸事件が発生したのと同じ時期に、初の原子力研究予算が成立した。これ以降、新たなエネルギー源としての原子力発電についての調査研究と実際の建設に向けての動きが本格的に始まることになった。こうした動きに積極的に関与した政治家が正力松太郎と中曽根康弘だった。読売新聞社社長だった正力は、メディアを通して「核の平和利用」を積極的に宣伝し、また、自民党の代議士でもあった彼は自らの政治的地位向上のために原子力政策をけん引していった。若手の保守政治家として注目されていた中曽根の場合、核の問題は日本が自立した国家として発展していくべきというナショナリズムの主張と結びついていた。

ヒロシマとナガサキ、そして第五福竜丸と核による悲劇を経験した日本だったが、「核の平和利用」は「核の軍事利用」とは異なるという見方が広まり定着していった。漫画「鉄腕アトム」に象徴されるように、「核の平和利用」は高度な科学技術に支えられた豊かな未来社会のシンボルとなった。

しかし、いくつかの理由により、原子力発電の導入と普及はスムーズには進まなかった。第一の理由は技術的な問題である。アメリカやイギリスなどの海外の原子力発電先発国の技術に大きく依存するかたちで日本の原子力発電の時代は始まった。そのため、技術移転に絡む様々な問題が生じたのである。第二は国のエネルギー政策上の問題である。原子力発電の導入が始まった時期は、それまでの主要なエネルギー源であった石炭から石油へと切り替わるかたちでの日本の**エネルギー革命**が進行していた時期だった。安価に大量の石油を輸入することが可能となったため、多くの石油製品の製造に結びつくかたちで石油が日本の主要なエネルギー源となった。第三は原子力発電の開発と普及をめぐる主導権の問題である。原子力発電に関わる省庁には科学技術庁と通商産業省があった。科学技術戦略の展開のなかで位置づける科技庁に対して、通産省は日本の通商産業政策戦略のなかで原子力発電を位置づける。両者の対抗関係に加えて、実際に原子力発電を動かす電力会社が加わり、三者の利害や思惑が交錯するなかで政策決定が遅延することもしばしばあった。

3　日米同盟のなかの核

「核の傘」

「核の軍事利用」の方はどうだったのだろうか。今日に至るまで日本は自ら核兵器の開発に着手しているわけではない。時々、政治家が日本の核武装に言及することはあるものの、そのたびに世論から批判を浴びてきた。しかし、「核の軍事利用」と無縁だったわけでは決してない。

「核の傘」という言葉を聞いたことがあるだろうか。**日米安全保障条約**という条約によって日本はアメリカと同盟関係を結んでいる。世界最大の核保有国であるアメリカとの同盟関係により、日本はアメリカの「核の傘」の下で庇護されている、つまり、自らの核ではないがアメリカの核によって守られているというのである。

近年話題になっている**北朝鮮問題**では、北朝鮮とアメリカが様々な駆け引きを繰り広げている。なぜ、はるか離れたアメリカを北朝鮮は脅威と感じるのだろうか。もちろん、アメリカには長距離核ミサイルや宇宙兵器などもあり、地球の反対側でも攻撃できる能力をもっている。そういうこともあるだろうが、それ以上に、日本と韓国がアメリカの有力な同盟国であり、アメリカの核の世界が朝鮮半島の三八度線まで出張っているというのが北朝鮮側の認識なのである。

日米安保条約の話に戻ろう。この条約は、一九五一年九月に開催された**サンフランシスコ講和会議**が終わった直後、時の首相吉田茂が米軍基地内で署名した。戦争状態にピリオドを打つ講和条約と同時に結ばれたのには、アメリカの軍事戦略上の背景があった。日本占領の終結に伴い駐留の根拠を失った米軍が、引き続き日本駐留を行うためにつくられたのが日米安保条約だった。安保条約は一九六〇年の改定を経て今日まで続いているが、日本に米軍が駐留し活動する根拠がこの条約なのである。

非核三原則

安保条約に基づいて日本各地に米軍基地があるし、特に沖縄に集中している。では、「核の軍事利用」はどうなっているのだろうか。この問題を考えるうえで重要なのが「**非核三原則**」である。これは、沖縄返還を控えた時期に、当時の首相佐藤栄作が行った国会答弁に端を発するものである。

核を「もたず、つくらず、もちこませず」という三つの原則をいう。この原則を文字どおり解釈するならば、日本には軍事用の核は存在しないのであるが、アメリカとの関係で問題になったのが、「もちこませず」の原則だった。核を搭載したアメリカの軍艦が日本に寄港しているのではないかという指摘が繰り返しなされてきたのである。これに対して、仮にアメリカが核兵器を日本に持ち込むならば、その際には事前協議を日本に申し入れなければならない。アメリカからの事前協議の申し入れがこれまで一度もなかったのだから日本への核の持ち込みもなかった、というのが日本政府の説明である。この説明に説得力があると考える人は少ないだろう。

「核の傘」下で強まる協力関係

このように日本は、日米安保条約によりアメリカの軍事力の有力な拠点となっており、さらにまた「非核三原則」を掲げていながらも実際にはアメリカの核が日本にも持ち込まれている可能性も否定できないのである。「核の傘」はこのような仕組みに支えられている。

一九九〇年前後に米ソ冷戦が終結した際に、このような日米の軍事的な関係や「核の傘」の問題をどうするかが問題にならざるをえなくなった。しかし、一九九六年の**日米安保条約の再定義**により、日米の同盟関係はより積極的な意味をもつようになった。日米の軍事的な協力関係の強化（ガイドライン等）により、「核の傘」はより広範囲になったばかりでなく、日本が単に傘の庇を借りるというのではなく、「核の傘」を積極的に支える役割を担うようになっている。二〇一五年に多くの憲法学者が違憲であるとした集団的自衛権を認める安保法制の制定もそうした動きのひとつと考えることができるだろう。また近年では、「中国脅威論」や「北朝鮮暴発論」などの日本周辺の危機意識を必要以上に煽る雰囲気を高めることにより、アメリカの「核の傘」への一層踏み込んだ協力関係に進もうとしている。例えば、二〇一八年五月に自民党政務調査会がまとめた次期防衛計画の大綱に向けた提言には、第二次安倍内閣以降日米同盟が「大幅な深化を遂げ」たとし、「北朝鮮の核の脅威等に対する抑止として、米国の拡大抑止は不可欠」と述べている。二〇一七年七月に採択された核兵器禁止条約に反対票を投じた日本政府の姿勢は、日米同盟関係による「核の傘」を前提とした安全保障政策と表裏の関係にあると言ってよいだろう。

このように見てくると、「核の軍事利用」に対する日本の姿勢は、少なくとも政府レベルでは、否定的な立場から肯定的な立場に、しかも消極的に肯定する立場から積極的に肯定する立場に変化してきていると言えるだろう。

4　原発依存社会

「核の平和利用」に再び目を転じよう。日本での原子力発電の建設が本格化し加速するのは一九七〇年代以降のことであった。この時期、日本の原発政策に大きな影響を与えた二つの出来事について説明しておこう。

一つは一九七三年の**オイルショック**である。第四次中東戦争をきっかけとする国際的な原油価格の高騰により、それまでの石油に依存したエネルギー政策の見直しが迫られ、石油に代わる有力なエネルギー源として原子力発電が注目されるようになった。

もう一つは**電源三法**の成立である。石油に代わるエネルギー源として原子力発電が注目されるようになった時期は、環境問題への社会的な関心が高まった時期でもあった。**水俣病**など深刻な公害問題により、単純な技術崇拝や生産力信仰に対する疑問や批判も始まった。原子力発電についても、それが「夢の技術」としてだけ語られる時代は過ぎ、原子力発電のリスクにも目が向けられるようになったのである。その結果、原子力発電所の建設に対する反対運動により建設を断念せざるをえない状況も生まれつつあった。

この問題を克服するためにつくられたのが一九七四年に制定された電源三法という法律である。簡単にいえば、この法律により、原子力発電所を建設した地域に対して経済的優遇措置を講じることとし、それに必要な費用を電力消費者から電気料金に上乗せするかたちで徴収するという仕組みができ上がった。過疎に伴う地域の衰退に苦しむ地域のなかから、電源三法による経済的優遇措置をめあてに原発誘致に踏み切る自治体が登場することとなった。

こうして一九七〇年代以降、日本での原発建設は加速し、『エネルギー白書』によれば、二〇一〇年度には原発が供給する電力は国内電力量の約三〇%を占めるようになり、政府は国の主要なエネルギー源としてさらに原発を増設することをめざし、原発依存社会へと傾斜していった。

原発依存社会は様々な矛盾や問題をはらんだ社会である。例えば、二〇一一年に事故を起こした福島第一原発を経営していたのは、東北電力ではなく東京電力だった。なぜ、東北地方にある原発なのに東京電力なのだろうか？　理由は簡単で、電力の大量消費地である首都圏のために、東北地方に作られた原発が利用されているのである。つまり、原発は、立地している地元ではなく、そこから遠く離れた大都市の消費生活を支えている。こう考えると、原発とは原発が立地している地域だけの問題ではないことがわかるだろう。

5　核の管理・核の廃絶

進む「核」への依存

「唯一の被爆国」日本が、「核の軍事利用」と「核の平和利用」の両面においてどのような足跡をたどってきたかを簡単に振り返ってみた。残念ながら「唯一の被爆国」としての戦後の出発から時が経つにつれて「核」に対するアレルギーは弱まり、「核」への依存が進んできているのが日本の現実である。日本国内の米軍基地の活動はむしろ活発化しているし、沖縄の米軍基地問題もまったく解決していない。また、日本の自衛隊が海外に派遣されるのも常態化しており、それを不思議だとかおかしいと思う感覚も希薄化している。アメリカの原子力潜水艦は佐世保や横須賀にしょっちゅう寄港しているし、長らくタブー視されてきた日本の大学の軍事研究を許容する声も少なくない。こうした流れが続けば、日本が核兵器を開発し保有することにも道が開かれるかもしれない。

原子力発電についても、すでに数基の原子力発電所が再稼働している。また、核燃料サイクル計画も依然として続けられることになった。さらに、海外への原発輸出も行われている。再生可能エネルギーについての開発と普及が少しずつ進んでいるとはいえ、脱原発を決定したドイツなどに比べるとその比率はきわめて低い。福島第一原発事故により脱原発へと政策転換したのは遠く離れたドイツであり、結局日本は政策転換のチャンスを逃してしまった。そして、「復興五輪」を旗印に誘致に成功した東京オリンピック・パラリンピックは、新型コロナウイルス感染拡大のなか、多くの国民が中止・延期を望む状況にもかかわらず開催された。「復興」はいつの間にか後景に退き、「コロナに打ち勝った証し」、さらには「安心安全」が大会のキーワードになっていった。五輪準備のために、工事関係の人手や資材が東北ではなく東京に流れた。原発事故に対する人びとの意識は、一層風化していったようにも見える。今もなお、原発事故現場では先の見えない作業が続き、故郷に帰れない人びとがいることを忘れてはなるまい。

世界全体を見渡してみても、「核」の問題は深刻化している。国際的な核の管理を目的とするIAEA（国際原子力機関）が設立されたのは一九五七年。また、一九七〇年には、すでに核を保有している五カ国以外の核兵器保有を禁ずるNPT（核兵器不拡散条約）が発効した。これらは国際社会全体として危険な核を管理しコントロールすることを目的としてつくられたものといってよいだろう。しかし、これらの国際的な核の管理体制は必ずしもうまく機能していない。NPT発効以後も核保有国は核兵器の研究開発をやめたわけではなく、また、インドやパキスタン、イスラエルや北朝鮮など、事実上の核保有国は増えてさえいる。

「核のない社会」に近づくために

このような現実を見ると、「核の軍事利用」についても「核の平和利用」についても、それを克服して「核のない社会」を実現するのはきわめて困難なことのように見える。「核のない社会」の実現など夢物語として笑われるのかもしれない。確かに即座に実現できる課題ではないかもしれないが、実現に少しでも近づくために今何ができるのかを考え実行することはできるのではないだろうか。むしろ、そうした一つひとつの考えや実行の積み重ねを通じてしか、「核のない社会」には近づけないのではないのだろうか。

実際に現在でも様々な人々の活動があちこちで繰り広げられている。二〇一七年のノーベル平和賞を受賞したのは国際的に核軍縮運動を展開しているＩＣＡＮ（核兵器廃絶国際キャンペーン）だった。そこには日本の市民団体である**ピースボート**も参加している。

ＩＣＡＮのノーベル平和賞受賞時にスピーチを行ったのは、ヒロシマで被爆したサーロー節子さんだった。今日までの「核」に抗する運動で重要な役割を担ってきたのは、彼女と同様ヒロシマ・ナガサキでの地獄を経験した**被爆者**たちだった。彼ら・彼女らは、被爆の後遺症やその恐怖、そして社会的な差別と闘いながら、自らの体験に立脚した運動を行ってきた。そして、その運動の究極の目的は「核のない社会」の実現である。被爆者の高齢化が進み、「核のない社会」を見ることなく無念の死を遂げた被爆一世の思いを引き継いだ被爆二世の人々の運動も現在行われている。一九五四年の第五福竜丸事件をきっかけに始まった原水爆禁止運動は、政党間の対立による運動の混乱と分裂などを経験しながらも今日まで続いており、「核のない社会」の声が国境を越えて広がることに寄与した。

一方、「核の平和利用」については、一九八六年のソ連のチェルノブイリ原発事故を受けて日本でも反原発・脱原発の声が一時的に高まったものの、全体としては低調だった。福島第一原発事故が起こる前においては、反原発や脱原発の運動は、どちらかというと少数者の運動とみなされていたのである。

反原発や脱原発の運動の特徴の一つは、エコロジーの運動とのつながりの強さだった。私たちが現在暮らす社会は大量に電気を消費する社会であり、それを支える柱の一つが原子力発電というのはまごうことなき事実である。原子力発電を問題視するということは、そうした大量の電気を消費する私たちの暮らしを考えることにつながるのである。

同時にまた、原子力発電に対する批判は、私たちが暮らす地域の問題にもつながっていった。原子力発電に対抗する有力なエネルギー源は自然エネルギーであるが、原子力発電の魅力は短時間に大量の電気を供給することにある。そして、地方に立地している原子力発電で作られた電気は地元で消費されるのではなく大都会に送られているのである（先に述べた福島第一原発が東北電力ではなく東京電力であることをもう一度思い起こしてほしい)。これはきわめて歪んだシステムではないのか。もっと小さな単位でエネルギーの需要と供給が考えられてもいいのではないのか。こうした考え方が登場してきたのである。

このような核をめぐる問題に批判を投げかけたり抗議の声をあげたりする運動は様々なかたちで行われてきた。その場合の特徴の一つは、女性の参加であった。実は、原水爆禁止運動においても、初発の段階では東京都杉並区の主婦たちの運動が火付け役になっており、チェルノブイリ原発事故後の反原発・脱原発の運動へ参加した多くの女性たちが運動のニューウェーブとして注目された。日本の「核のない社会」を求める運動には女性が大きな役割を果たしたのである。

このように「核の軍事利用」についても「核の平和利用」についても、声をあげる人々はいつの時代にも存在した。しかし、政策レベルで見れば、こうした人々の考えや意見とは異なる方向に進んできていると言ってよいだろう。

厳しい現実でもあきらめない

例えば、国連核軍縮会議で二〇一七年に採択された核兵器禁止条約に対して日本政府は否定的な立場を取り続けている。二〇二〇年一〇月には批准国が五〇カ国になり、翌二一年一月、同条約は発効した。この年の八月六日と九日に広島と長崎でそれぞれ行われた平和式典において、両市長は、この条約の重要性を指摘し政府の積極的対応を求めた。両式典に出席した菅首相は、この条約に言及せず、式典後の記者会見で署名する考えのないことを表明した。また、原発についても、福島第一原発事故から時間が経過するにしたがって、かつての原発政策に回帰する傾向が強まっている。

こうした動向を見ると、核をめぐる問題は今現在もなお絶望的な状況にあるのかもしれない。しかし、核のもつ脅威は実際に多くの犠牲者を生み出したし、現在もそれに苦しんでいる多くの人々がいる。私たちに求められていることの一つは、核の犠牲者に対する想像力であり、彼ら・彼女らが発してきた声を真摯に聞き取ることにあるのではないのだろうか。そして、「核の軍事利用」にせよ「核の平和利用」にせよ、それが一国単位の問題ではなくグローバルな問題であるということを踏まえ、核の廃絶に向けた国境を越えた運動に関わり広げていくことを考えてみる必要があるのではないだろうか。現実の厳しさを前にして「あきらめ」に走るのか、それとも厳しい現実だからこそ「夢」に近づくことの大切さに思いをいたすのか。もう一度、私たちの原点に立ち返って「核」の問題をじっくりと考える必要があるだろう。

✎考えてみよう

原爆投下の日に広島市と長崎市で開催される平和式典において発表される「平和宣言」を読み、そこでどのような主張がなされているのか、核の問題をめぐる現状はどうなっているのか、考えてみよう。

空気を読まずに伝えること

いのうえしんぢ（デザイナー・市民運動家）

もしも、あなたがエスパー（超能力者）なら。

好きな相手に想いを伝えることも、コロナ禍で誰かに窮状を訴えることも、原発事故を起こした国と企業を訴えるのも、超能力を使ってしまえば、簡単に届くだろう。しかし僕たちは、超能力も使えないはず。だからこそ、言葉や絵筆、SNSを駆使し、時に路上に立ってまでも自らの思いを表現する。

フクシマ原発事故が起き、日本中が放射能汚染におびえていた二〇一一年五月に、脱原発サウンドデモを仲間たちと企画した。「音響機材とDJを乗せたトラックを走らせる」という内容で警察へ事前に届け出たのに、出発時に「人が乗った車両はダメだ」と警察官から止められてしまう。思い描いていたデモを止められたことに怒りを感じて、福岡県警を裁判で訴えた。勝訴率六%と言われている警察相手の国賠訴訟に、弁護士なしの本人訴訟で僕たち市民側が勝った（二〇一五年、福岡高等裁判所で確定判決（行コ）第四号行政処分取消請求控訴事件）。

二〇一一年の原発事故直後の社会と、二〇二〇年のコロナ禍での「自粛ムード」はよく似ていた。コロナでは、外出が制限されイベントや集会が中止になった。その中での一時支援金要求運動や検察庁改正法反対運動では、自粛ムードの空気を破り、SNSでも街頭でも訴え続けた結果、支援金は決まり、改正法は見送られた。

マスク警察、自粛警察、死に追いやるほどのインターネットでの炎上など、「空気」が読めて当たり前の時代に、閉塞感はひどくなっている。そこを破るには、勇気がいる。しかし、時代が変われば、どうだろう。例えば、武士が町民を殺害することも正当化された江戸時代なんて、人権感覚が進んだ現代からすれば、首をひねって呆れるしかない。きっと、何かを打ち破って、表現したことが歴史の一部になるにちがいない。そう、空気なんて読まずに、空気を変えるしかない。（関連書籍：福岡サウンドデモ裁判原告団編『デモってラブレター⁉』樹花舎、二〇一九年）

コロナ禍での街頭行動で掲げた横断幕のイラスト

第6章

グローバル化は何をもたらすのか

学ぶポイント
- 経済のグローバル化はどのように進展してきたのか
- なぜ、保護主義が台頭しているのか
- グローバル化のなかで民主主義の問題とは何か

1 グローバル化する世界

新型コロナウイルス感染症の世界的な広がりによって、人々の生活は大きな変化に見舞われることになった。海外旅行が制限されただけではなく、大学を含む多くの学校では、オンライン授業が主流となり、友人・知人との会食は控えられ、コンサートなど多くの人が集まるイベントも「密」になる懸念から中止となった。コロナの「前」と「後」で、人々が直接会うことは、日常ではなくなってしまったのである。

この新型コロナウイルスの感染拡大は、言うまでもなく人々のグローバルな移動によってもたらされた。現在、わたしたちの生活の大部分は、多くの外国とのモノやサービスのやりとり、すなわち貿易によって成り立っている。この意味において、グローバル化は、わたしたちの生活を豊かにしているが、同時に、新型コロナウイルスのようにリスクが一つの国や地域にとどまらず、ものすごい速さで拡散してしまうのである。

新型コロナウイルスの感染拡大に対して、各国は海外渡航を制限し、自国民に対するワクチン確保を優先し、他国への協力は後回しになっている。この意味では、グローバル化は後退しているように見える。実は、この新型コロナウイルスの感染拡大の少し前から、世界各国ではグローバル化によって、経済的な不利益を被る人々の不満の声が大きくなり、それに応えようとする政治的な動きが台頭していた。

二〇一八年六月、アメリカの当時のトランプ政権は、日本、中国をはじめとする国々からの鉄鋼、アルミニウム製品の輸入に高い関税を課すと発表した。これに対して、中国などはアメリカ製品に対する関税を課す報復措置を発動した。外国製品の輸入に関する税を引き下げ、人の移動を自由にし、投資に関する規制を少なくするという、国際経済の自由化(グローバル化)は曲がり角に来ている。

二〇二〇年大統領選挙で勝利したジョー・バイデン大統領は、トランプ前政権の方針を転換して、国際協調主義を重視する姿勢を示している。しかし、国内における大規模な公共投資を公約している。また、新型コロナウイルス感染症対策においては、WHO（世界保健機関）の提言とは反対に、国内のワクチン接種を優先する姿勢を崩していない。保護主義、国内回帰の声が依然として根強い中で、従来のようにグローバル化を強く推進することは難しくなっていると言えよう。

市民が自らの代表を選出し、その代表者が市民の意見に耳を傾けることは、民主主義という政治のあり方にとって重要なことである。**グローバル化**によってアメリカ人の利益が損なわれていると考えたトランプ大統領が、グローバル化に反対する政策をとることは、民主主義という観点から考えると必ずしも間違っているわけではない。では、グローバル経済と民主主義とは両立しえないのだろうか。そもそも私たちの生活と世界の経済はどのような関係にあるのだろうか。

2　経済のグローバル化とは

一九九〇年代以降、グローバル化という言葉が盛んに用いられるようになってきた。ビジネス分野ではグローバル企業に成長することが説かれ、大学をはじめとする教育分野では、グローバル人材の養成が主張されている。いったいグローバル化とはどういうことをいうのだろうか。

グローバル化は、地球があたかも一つの市場のように、ヒト・モノ・サービスなど様々な交流が頻繁になることを意味している。二四時間世界のどこかの国の市場が開いていて取引がなされている金融市場、世界のあらゆる人々との交流を可能にするインターネットなどはその象徴である。私たちはインターネットを活用して世界のモノを買うことができ、世界各地の旅行の予約を行うことができる時代に生きている。企業も世界中の消費者を相手として商売ができるようになることで成長の余地が広がっている。このようなグローバルな企業は、国際的な生産・サービスの体制を構築している。グローバルな分業体制のもとで、発展途上国もこれまでになかった多くの雇用を創出している。金融、貿易、通信の点からすれば、私たちは同じ空間を共有していると実感できる場面が多くなっている。

もっとも、国際経済の自由化がこのような便利さのみをもたらしているわけではない。ヒトの自由移動は、労働者だけでなくテロリストなど犯罪者の移動を容易にしている。また、海外から安価な多くの農産物が入ってくることで、私たちの食の安全をおびやかされるおそれもある。そのリスクについて論争のある遺伝子組み換え作物のほか、産地や内容が偽装された食品も流通するかもしれない。国際金融の自由化も、企業の所得移転を名目とした脱税やマネー・ロンダリングの温床となりうるのである。

身近な問題で考えてみよう。私たちは近所の衣料品チェーン店で一着数百円のズボンを購入することができる。しかし、安い価格で販売が可能なのは、この衣料品がバングラデシュなどの労働賃金の安い発展途上国の縫製工場で製造されているからである。多くの縫製工場では労働安全や衛生の面で日本と同等の規制は導入されていない。労働者は染料に用いられる化学物質のリスクにさらされながら、低賃金での長時間労働に従事している。

別の例を挙げよう。私たちが普段よく飲む水、お茶などの飲料はペットボトルの形で販売されている。私たちの多くは、これらのペットボトルが分別回収された後どこに向かうのか知らない。現実には、回収されたペットボトルの多くが海外に輸出されリサイクルされている。私たちが使用し、廃棄したパソコンも海外へ輸出され、そこで解体されて金属などの資源回収が行われている。これにより、周辺環境の汚染や資源回収に従事する人々の健康リスクが懸念されている。

経済のグローバル化は、世界全体としては経済成長に寄与している一方で、先進国と発展途上国の経済格差をますます大きくしている。そして、先進国、発展途上国それぞれの国内でも、グローバル金融取引を通じて巨額の利益を得る人々と、グローバル競争のなかで産業が衰退し低賃金に甘んじざるをえない人々の所得の格差が広がっている。

では、正負の面を抱えたこの経済のグローバル化は、今後どのように進んでいくのだろうか。この問題について、経済学者のロドリックは、グローバル化と国家主権（国家が支配する権限と能力）、民主主義の三つは共存できないと指摘している。すなわち、①グローバル化と国家主権を取って民主主義を犠牲にするかたちで、現在のさらなるグローバル化を進めるか、②グローバル化に対応する超国家的な制度を整備し、そこに民主的手続きを導入することで、グローバル化と民主主義の二つを取るのか、③国家主権と民主主義を取ってグローバル化に制約を加えるか、のいずれかであるという。はたして、どのシナリオになるのか。

この議論を考える前に、まず今日のグローバル化に至る歴史を振り返ってみよう。

3　経済のグローバル化をめぐる政治

第二次世界大戦後の国際貿易秩序は、それ以前に各国が採用していた外国製品に対して高い関税を課すという保護主義的な政策が国際的な対立を深め、結果として戦争を引き起こしたという反省に立って築かれた。一九四七年に成立した「自由・無差別・多角的」という原則を掲げるGATT（貿易と関税に関する一般協定）は、その具体化であった。

しかし、それは、第二次世界大戦の勝者として圧倒的な経済力を有していたアメリカが中心となって支えたという意味で、政治的な秩序でもあった。すなわち、ソ連を中心とする社会主義陣営と対抗するうえで、アメリカが西側同盟国に有利なかたちで自らの国内市場を開放していた。そのため、このGATTのもとでは、当初、製品に対する関税の引き下げに関する多角的な交渉を行っていたものの、自由化の程度は緩やかなものであった。

しかし、アメリカの貿易赤字が拡大するにつれ、その原因として、日本などの国内の閉鎖的な制度が批判されるようになる。これを受けるように、GATTでも、関税以外の規制など外国製品の輸入障壁となるものまで交渉の対象は広がっていくことになる。一九八六年から始まったウルグアイ・ラウンドでは、農産物やサービス分野の貿易自由化が話し合われ、九五年にGATTはWTO（世界貿易機関）へと発展的に解消されることになった。新たに創設されたWTOは、物品だけでなく、金融やサービスを含む広範な自由化を推進し、加盟国間での貿易紛争を裁定する司法的機能を有するなど強力な組織となったのである。

国際経済の自由化は、このような経済分野の国際機構の樹立だけによって進んだわけではない。一九七〇年代後半から八〇年代にかけて、アメリカやイギリスでは、政府の市場への介入を抑制して、自由競争を促し市場原理を重視する新自由主義と呼ばれる考え方が政策に導入されるようになる。この新自由主義のもとでは、経済規制を緩和したり、公営企業の民営化、福祉の削減などが進められていくことになる。

一九八〇年代になると、アメリカなどの強い影響下にあるIMF（国際通貨基金）や世界銀行といった国際金融機関も、債務危機に見舞われた発展途上国に対して、融資の条件として、経済自由化を柱とする「構造調整プログラム」の受け入れを求めていく。この構造調整プログラムは、対象国の経済構造の変革による経済再生をめざすもので、補助金の削減、国営企業の民営化、関税の引き下げなどを求めるものであった。この構造調整プログラムを通じて、多くの発展途上国が自由化の進む国際経済に組み込まれていくこととなった。

さらに、一九八〇年代後半から九〇年代初頭にかけて、市場経済を国家によって統制する社会主義という体制を採用していたソ連やその同盟国であった東ヨーロッパの国々では、自由化を求めて体制変革が起こった。そして、市場を通じた自由経済を主張するアメリカ、日本などの西側諸国とこれに反対するソ連など東側諸国が対峙していた冷戦の時代は終焉を迎えたのであった。さらに、中国やヴェトナムなど社会主義を建国理念としていた国々も、自由貿易を掲げるＷＴＯに加盟するに至る。こうして、冷戦という政治秩序に刻印された国際経済秩序は、政治体制を問わず、世界を覆うものとなったのである。

他方で、加盟国が増加し、対象も広がったことで、ＷＴＯの進める多国間貿易ルール交渉においては各国間の利害対立が深まることにもなった。二〇〇一年から始まったドーハ・ラウンドでは、中断と再開を繰り返し、最終的にはＷＴＯ閣僚会議において事実上合意は断念されることになった。このように多国間交渉が停滞するなかで進展が見られたのが、地域的あるいは二国間の自由貿易ルールであるＦＴＡ（自由貿易協定）やそれを投資などの分野にまで拡大したＥＰＡ（経済連携協定）であった。

日本が関わるＥＰＡのうち、最も注目を集めたのが、アメリカを含む一二カ国が交渉に参加し、二〇一六年に合意、署名されたＴＰＰ（環太平洋パートナーシップ）である。ＴＰＰは、①関税およびその他の海外製品・産品の輸入の妨げとなるもの（非関税障壁）を撤廃し、②投資家対国家紛争解決（ＩＳＤ）条項という国家の投資協定違反によって不利益を被った企業が当該国を訴える制度、などが盛り込まれた。

経済の自由化は、市場の論理に従って直線的に進んだわけではない。経済大国アメリカの利害を中心としながら、各国の利害の政治的調整の結果として、グローバル化の方向性が形づくられてきたのである。しかし、今そのアメリカをはじめ、各国では自由化に反対する**保護主義**の主張が政治の場でこれまで以上に影響力をもつようになっている。

4　グローバル経済への不安と台頭する保護主義

関税を下げ、様々な社会的規制を撤廃して、国際貿易を推進することが国を豊かにするという自由貿易の主張と、国内の産業や労働者の利益を守るために外国産品に高い関税を課し、外国製品に対する規制を設けて輸入を制限すべきという考え、保護主義の主張は、古くから対立してきた。

国際政治学の議論では、ある国が自由貿易を進めるかどうかは、利益団体と呼ばれる組織化された業界団体の動きが重要であると指摘される。すなわち、ある国が保護主義をとるかどうかは、貿易自由化による得失の客観的な計算に基づいて決定されているわけではない。実際には、貿易自由化によって利益が得られる産業と利益が失われる産業それぞれの政治的影響力によって、政策の方向性は大きく左右されることになるからである。

ＴＰＰ交渉の際、日本では農業者の利益団体である全国農業協同組合中央会（ＪＡ〔農協〕）が反対運動を展開した。ＴＰＰによって農産物の関税がゼロになると、アメリカの安い農産物が大量に輸入され、日本の農産物は売れなくなり、日本の農業が衰退するというのがその理由である。これに対して、自動車などの大企業は輸出拡大の機会だと考えていて、大企業が主要なメンバーである日本経済団体連合会（経団連）はＴＰＰ賛成の立場に立っていた。また、ＴＰＰは医療分野の規制緩和が盛り込まれているため、皆保険制度をはじめとするこれまでの日本の医療制度全般が変革され医療が過度な競争にさらされるとして、開業医を代表する日本医師会などはこれに反対していた。

　消費者としての私たちはどうだろうか。数として見た場合、私たち消費者は生産者と比べると圧倒的な多数を占めている。その点では、有権者であれば政治の場において大きな影響力をもちうる。先に触れたように、消費者としては貿易の自由化によって、モノの値段が安くなり、それまで日本で流通してこなかった製品を選ぶことができるようになる、ということから一般的には貿易自由化、すなわちＴＰＰ賛成の立場をとると考えられる。しかし、消費者といってもお互いも認識できないほど多数存在しているため、個人の状況は異なる。実際には、ＴＰＰをめぐる多くの世論調査においても、その賛否は拮抗していた。また、消費者は互いに地理的にも離れた地域に住んでいるので、生産者団体と異なって組織化するのが難しく、動員も容易ではない。インターネットの時代では昔と状況が異なると言っても、消費者は、利益団体という点で、貿易政策に対して政治的影響力を発揮しているとは言いがたい。

　ところで、近年では、グローバル化を推進してきた国々において保護主義的な動きが強まりつつある。一つ目の舞台はヨーロッパである。二度の世界大戦を経験したヨーロッパでは、経済をめぐる争いが戦争の大きな原因になったという反省に立って、フランスやドイツなどの西ヨーロッパの諸国を中心として、企業活動や労働者の移動などを自由化し、一つの経済単位としてＥＵ（欧州連合）をつくった。しかし、加盟国のイギリスは、二〇一六年六月に行われた国民投票でＥＵ離脱派が僅差ながらも過半数を占めた結果を受け、ＥＵを離脱した。ＥＵ離脱の背景としては様々な要因が挙げられるが、移民問題やＥＵが進める統合政策への不満があることは否定できない。ＥＵ離脱を支持している人たちには、移民の増加によって労働を奪われたと感じた人たちが少なからずいたのである。

さらに、保護主義的な動きはアメリカでも強くなった。二〇一六年秋のアメリカ大統領選挙では、「アメリカ第一」を主張する共和党のドナルド・トランプが、民主党のヒラリー・クリントンに勝利した。トランプ大統領は、アメリカの産業と雇用を守るとして、選挙期間中のいくつかの公約を早速実行していく。アメリカ国内から工場移転を図る企業を批判して、その移転を阻止したほか、アメリカの石炭産業に影響を与えるとして、二〇一五年に合意された気候変動（地球温暖化）に関するパリ協定からも脱退を表明した。また、アメリカ自らが締結した地域貿易協定に対しても、アメリカの利益にかなっていないとして、従来の政府の立場を大きく変更したのである。

また、トランプ大統領は大統領令に署名し、ＴＰＰからの離脱を正式に決定した。さらに、一九九四年に結ばれた、カナダ、アメリカ、メキシコの間での北米自由貿易協定（NAFTA）については、再交渉を要求した。ＮＡＦＴＡ発効後、北米産品の大部分の関税はただちに撤廃され、その他の品目の関税も段階的に撤廃され、現在、北米の貿易はほぼ関税ゼロで取引されている。トランプ大統領によれば、ＮＡＦＴＡが締結されて以来、低賃金のメキシコがアメリカから工場と雇用を奪ってきたというのである。

ただし、注意しなければならないのは、アメリカでＴＰＰやＮＡＦＴＡに反対しているのは、アメリカの国益や伝統を重視する、いわゆる右派だけでない。二〇一六年アメリカ大統領選挙の民主党候補者指名を争ったバーニー・サンダースも、その社会的公正を重視する立場からＴＰＰに反対していた。彼によれば、この協定は低廉な労働賃金と劣悪な労働条件を許容している発展途上国との競争を激化させることになり、労働者賃金や労働条件の切り下げ競争、いわゆる**「底辺への競争」**につながるという。このように、自由貿易によって発展途上国との競争により雇用が失われる一方で、発展途上国の労働者の権利や環境保護が犠牲になっているとの批判は、左派と呼ばれる人々だけではなく多くの人々の支持を集めたのである。

一九九〇年代以降国際経済の自由化が進展していくなかで、人々はその決定権が自らの手から離れてしまうことに不安を感じていたにもかかわらず、今日まで誰もそれに十分応えてこなかった。それが今日の保護主義につながるような政策を支持する政治的状況を生んだのではないか。自由貿易の得失をめぐる議論は、経済の問題である以上に政治の問題であるということを改めて考える必要がある。

5　グローバル経済の行方と私たちの選択

ここまで、現在のグローバル化に至る歴史を振り返りながら、自由貿易と保護主義の対立について考えてきた。私たちの生活にとって、はたしてどちらがよい選択なのであろうか。この問いを考える際に、忘れてはならないのは政治の役割である。今日のグローバル化は、貿易をはじめとする経済の自由化に関するいくつもの合意が歴史的に積み重ねられていくなかで、私たちにとって抗いがたいものとして立ち現れている。しかし、その合意の一つひとつは、私たちが選んだ政治家、リーダーの選択によってなされた決定なのである。

一九八〇年代以降の国際経済の自由化は、アメリカ、イギリスといった国内で規制緩和を行ってきた国が主導してきた。グローバル化を推進してきたと言える両国で保護主義的な動きが強くなったことで、この後の世界経済をどう導いていくのかという政治的リーダーシップのあり方はきわめて不透明になっている。

アメリカのトランプ前大統領の政策は、アメリカ国内向けのものであるが、アメリカが世界一のGDP（国内総生産）を有する経済大国である以上、その影響はアメリカ一国にとどまるものではなかった。

他方で、中国は国際経済の自由化を否定し、これを逆戻りさせようとする動きを見せていない。二〇一七年六月に開かれたG20（日米など先進七カ国を含む二〇カ国・地域）首脳会議でも、不公正な貿易慣行を含め保護主義と闘うことを表明するなど、既存の国際貿易体制を支持する方向性が確認されている。

TPPに対する批判にあったように、自由貿易ルールはグローバルな多国籍企業に対して多くの利益をもたらすかもしれない。他方で、それがルールである以上、多国籍企業の活動に対して制約を加え、社会的・環境的規範を遵守させることを可能にする余地もある。その観点からすれば、ルールなき自由貿易は望ましくない結果を招来する可能性もある。グローバル経済に対する不安が、グローバル経済の先行きを予想しがたいものとし、別の不安をもたらすことになるかもしれない。もはやわれわれの生活は、グローバル化と切っても切れないものなっている。実際に、新型コロナウイルスの感染拡大によって、国境を越えるヒトの移動は大幅に減少したものの、物流やウェブ空間でのヒトのつながりは途絶えず、むしろ拡大している。その意味で、グローバル化の流れは止まった訳ではない。

今後グローバル化はどのような方向性をたどるのか。われわれは、どのような点に注目し、どう関わることができるのか。

最後にコロナ後の世界におけるグローバル化の問題を考えてみよう。

6　アフター・コロナの世界――グローバル化と民主主義の問題

新型コロナウイルスの感染拡大によって、グローバル化をめぐる状況は不透明となっている。ただ、既に述べたように、以前から、各国では保護主義的な動きは強くなっていた。グローバル経済によって、先進国だけでなく、発展途上国のなかにも経済発展に成功した国もあるが、すべての国がそうなったわけではない。先進国とグローバル化の恩恵を受けない発展途上国との間では、経済格差はますます拡大している。また先進国の国内においても、政府は、産業への補助金や人々への福祉に関係する予算を削減する方向性を強め、人々の格差が広がっている。

民主主義が人々の意見や選好をもとにした決定の仕組みであるにもかかわらず、これまで進められてきた経済のグローバル化を推進する一連の国際的なルールについて、国民に判断が問われたことがあっただろうか。ほとんどの場合、それが国民投票においてかけられることはなかったし、選挙において政治的争点として掲げられたことはなかった。

また、私たちに必要な情報が与えられていたであろうか。例えばＴＰＰの場合、知的財産権分野をはじめとして、交渉経過の多くは政府を監視する役割を果たす議会、さらには参加した国民に対して知らされていたとはいえない。国際交渉は相手国との関係もあるため公開できない部分があることは当然であるが、民主的手続きに必要な公開性は十分担保されなければならないのである。

新型コロナウイルスの感染拡大の中で、グローバルな供給網によって、ＩＴ製品や医療品などの市場は需要に応える形で拡大しつつある。他方で、ヒトの流れは止まり、観光やビジネス出張などの需要は「蒸発」し、経済的に大きな影響を受けた産業は少なくない。

各国では、経済が落ち込みを記録し、国民経済の重要性が再認識され、国内を優先する傾向は強くなった。また、マスクやワクチン開発など、新型コロナウイルスへの対応の中で、医療という国民の安全に関わるものを、特定の国に依存することに対して、国民の間から不安の声が上がっており、国内回帰を促す政策を採る国も少なくない。今回の新型コロナウイルスの感染拡大によって、グローバル化による効率的な分業や経済的拡大に対して、負の側面はさらに意識されるようになっていると言えるだろう。ロドリックの議論に即して言えば、民主主義諸国におけるこのような国内の人々の声は、グローバル化に対して、国家主権を重視する動きを後押しすることになるかもしれない。

新型コロナウイルスをめぐって、中国をはじめとする権威主義的国家は、国内外の人の移動を厳しく制限し、人々の生活を統制する形で対応し、比較的感染拡大を抑制してきた。これに対して、移動の自由や人権という点から行動の自由に対する制限が貫徹しなかった民主主義国家は、多くの感染者と死者を出した。この点では、危機に際して、非民主主義国家は、国家主権の観点から、グローバル化をうまく選択的に取捨したようにも思える。しかし、非民主主義国家がグローバル化の利益だけを得られるとは限らない。アメリカや、欧州でも、チベットにおけるウイグル族の人権問題の観点から、これに関連する企業に対して人権団体からの批判が強まっており、アメリカ政府は一部製品の輸入停止の措置をとるなど、グローバルな企業活動よりも自由民主主義的な価値を優先する動きも強まりつつある。

すなわち、ロドリックの議論を踏まえて考えれば、国家主権と民主主義を重視する国々とグローバル化と国家主権を主張する国々の間で、対立が繰り広げられるということになるかもしれない。グローバル化に民主主義的な手続きを取り込んでいく動きは現在まだ不十分であるものの、例えば、地球環境問題における環境ＮＧＯの活躍など、公開性や公平性を要求し、各国の政策に影響を与えるようになっている。貿易に関しては、各国の経済格差を前提とするのではなく、発展途上国の原料や製品の適正な価格で取引することを求める**フェア・トレード**という運動もある。これらのＮＧＯは国家を超えたグローバルなネットワークを構築することで、利益を重視し経済のグローバル化を求める多国籍企業のあり方を批判し、各国政府に対しては公開性や説明責任を要求するなど大きな役割を果たすようになっている。

経済グローバル化がどのように進むのか、国家間の経済的利益の対立や調整だけを考えるだけでは見えてこない。グローバル化と民主主義の間にある緊張関係が、グローバル化を押しとどめることになるのか、それともグローバル化をさらに押し進めることになるのか、今後ますます重要な問いとなっていくだろう。

✎**考えてみよう**

グローバルレベルで活動するＮＧＯの事例を調べて、グローバル化時代における民主主義の課題について考えてみよう。

第7章

過去の戦争はもう終わったことなのか

学ぶポイント

- 日本が過去に行った戦争とはどのようなものだったのか
- 戦争責任の問題はどのように扱われてきたのか
- 戦争による被害者への「償い」はどうなされたのか

1 いまさら昔の戦争の話？

近年、K-popに対する人気はすごい。みなさんのまわりにもファンはいるだろう。好きなアーティストに会うために韓国を頻繁に訪れる人も少なくない。一方、韓国や中国などアジアから日本を訪れる観光客は年々増加している。都市や観光地で彼ら・彼女らを見かけることは珍しくなくなった。これらの国々から来ている留学生が友だちである人も少なくないだろう。私たちと隣国

図1　相手国に対する印象（%）

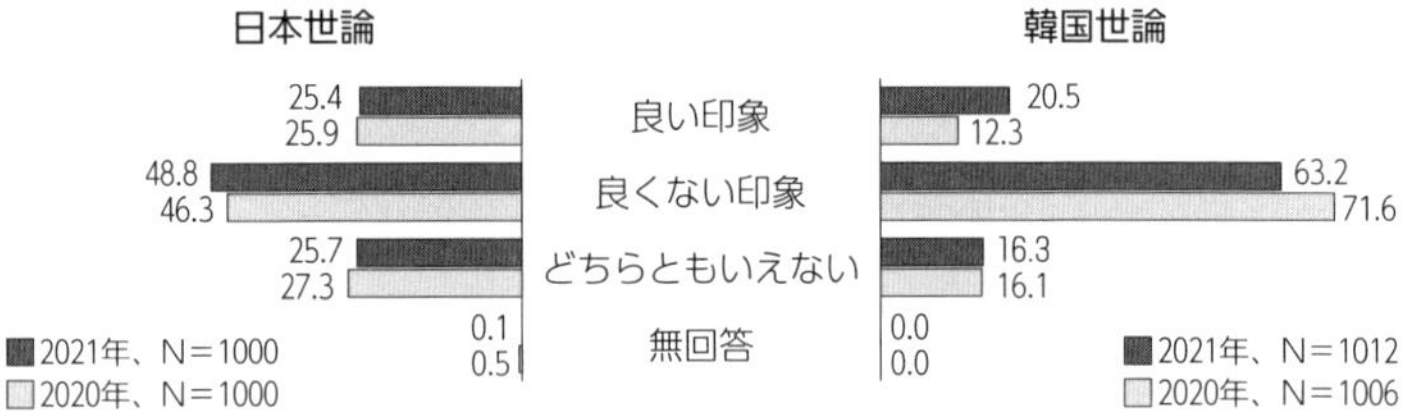

注：良い印象は「良い」と「どちらかといえば良い」、悪い印象は「良くない」と「どちらかといえば良くない」をそれぞれ加えた数字。
出所：第9回日韓共同世論調査（言論NPO・東アジア研究院、2021年）

の人たちとの出会いは以前よりも増えているといえよう。しかしながら、日本と隣国との関係が良好かと言えばそうとも言えない。書店に並ぶ本や雑誌、あるいはインターネット上の記事の中には、韓国や中国を批判する内容のものも目につく。

図1・2に見られるように、最近の日韓世論調査ではどちらの側でも相手国に対する印象が「良くない」と感じている意見が、「良い」という意見を大きく上回っている。その理由として最も多いのが、日本側では「歴史問題などで日本を批判し続けるから」であり、韓国側では「韓国を侵略した歴史について正しく反省していないから」であった（特定非営利活動法人言論NPO・東アジア研究院「第9回日韓共同世論調査　日韓世論比較結果」二〇二一年九月）。日韓関係を妨げている大きな要因が、このような歴史問題をめぐる対立である。そして、この問題は韓国との間だけではなく、中国などの周辺の国々との間にも存在している。

例えば、日本の政治家たちによる「靖国神社参拝」などの行為に対して韓国や中国などから強い批判が出されている。一方、

図２　良くない印象を持っている理由（%）

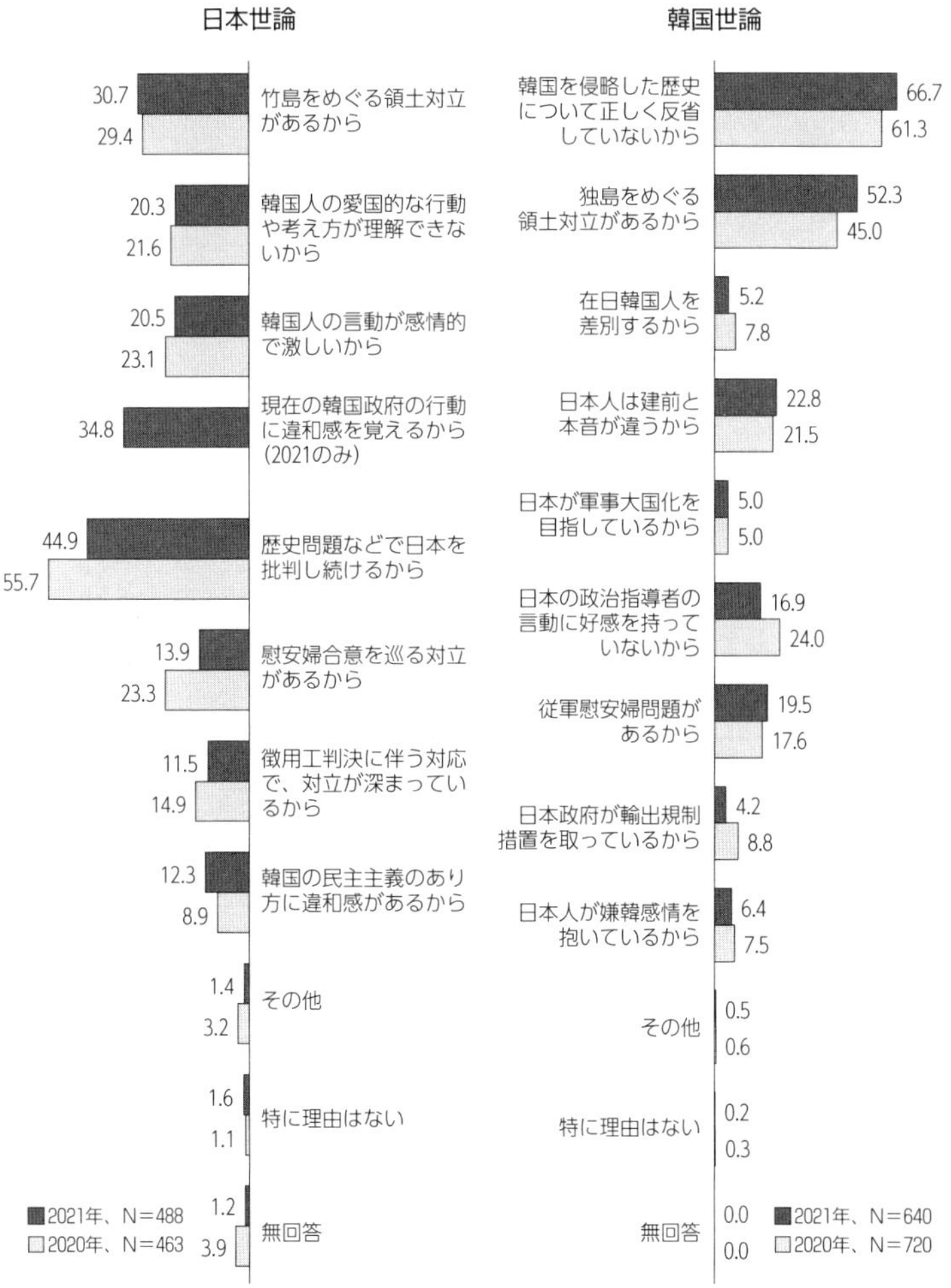
日本世論
韓国世論
竹島をめぐる領土対立があるから 30.7 29.4
韓国人の愛国的な行動や考え方が理解できないから 20.3 21.6
韓国人の言動が感情的で激しいから 20.5 23.1
現在の韓国政府の行動に違和感を覚えるから（2021のみ） 34.8
歴史問題などで日本を批判し続けるから 44.9 55.7
慰安婦合意を巡る対立があるから 13.9 23.3
徴用工判決に伴う対応で、対立が深まっているから 11.5 14.9
韓国の民主主義のあり方に違和感があるから 12.3 8.9
その他 1.4 3.2
特に理由はない 1.6 1.1
無回答 1.2 3.9
2021年、N=488
2020年、N=463
韓国を侵略した歴史について正しく反省していないから 66.7 61.3
独島をめぐる領土対立があるから 52.3 45.0
在日韓国人を差別するから 5.2 7.8
日本人は建前と本音が違うから 22.8 21.5
日本が軍事大国化を目指しているから 5.0 5.0
日本の政治指導者の言動に好感を持っていないから 16.9 24.0
従軍慰安婦問題があるから 19.5 17.6
日本政府が輸出規制措置を取っているから 4.2 8.8
日本人が嫌韓感情を抱いているから 6.4 7.5
その他 0.5 0.6
特に理由はない 0.2 0.3
無回答 0.0 0.0
2021年、N=640
2020年、N=720

出所：第９回日韓共同世論調査（言論NPO・東アジア研究院、2021年）

日本国内ではかつての日本による周辺地域に対する植民地支配や、日中戦争あるいは第二次世界大戦における日本の行為を肯定する意見も強くなってきている。このように、私たちが生まれるずっと前の出来事をめぐって日本と韓国や中国などの周辺の国々とは今も対立している。

また、「慰安婦」問題をめぐって韓国で日本の謝罪を求める運動が行われているという話を聞いたことがあるかもしれない。このことについて、みなさんはどう感じるだろうか？　もしかしたら、自分たちが生まれるよりもだいぶ前の出来事だし、なぜ、いまだにそんな過去のことにこだわっているのだろうか、という感想をもっている人も少なくないかもしれない。あるいは、繰り返される謝罪要求に対してうんざりしている人もいるだろう。

過去の戦争がもたらした問題は、隣国との間だけではない。空襲による被害者に対する「戦後補償」をめぐる問題など、日本社会のなかでもいまだに解決されていないものが存在する。これらのことは今から七〇年以上も前に起こった出来事に由来する。それなのに、なぜ今も問題となり続けているのか？　私たちはどう考えればいいのだろうか？　この章では、このようなことについて考えてみたい。

2　戦争につぐ戦争という過去

今から約一五〇年前、日本は大きく変わった。明治維新によって武士の支配は終わり、新たな国家が誕生した。学校の歴史の授業で「富国強兵」という言葉を聞いたことがあると思う。当時の日本政府はイギリスやアメリカ、あるいはドイツやフランスといった欧米の強国を手本にして工業化を進めて国を豊かにするとともに、他の国々に負けない軍事力をもつことをめざした。

この軍事力を基に、日本はその支配する地域を次第に拡大していき、欧米諸国と同様に植民地を有するようになった。他の先住民族が住む地域を支配下においたということに注目するならば、現在の北海道や沖縄が最初の植民地と言えるかもしれない。そして、日本は日清戦争、日露戦争、第一次世界大戦とほぼ一〇年ごとに戦争を重ねて、台湾、朝鮮半島、南洋諸島など周辺地域を次々と自国の領土や実質的支配下に収めていった。さらに、一九三〇年代には、軍事力によって中国東北部を実質的に支配することになった（「満洲国」の誕生）。その結果、中国との全面戦争（日中戦争）が起こり、この戦争は一九四一年からはアメリカやイギリスなどとの戦争にも発展していった。

みなさんは「太平洋戦争」という言葉は聞いたことがあるだろう。「太平洋戦争」というと戦場は太平洋という海を思い浮かべてしまうかもしれない。しかし、実際に日本軍が戦った地域は「アジア」各地であった。そのため、近年はそのことを重視して「アジア・太平洋戦争」という用語が定着してきている。ちなみに、第二次世界大戦における日本の戦争を「正義」の戦争であるとする立場の人たちは「大東亜戦争」という用語を用いることが多い。なぜなら、当時の日本政府は、この戦争が植民地支配に苦しめられているアジア諸地域を解放し、日本を中心とした「大東亜共栄圏」を創るための戦いであると主張していたからである。

3　多大な犠牲

第二次世界大戦は人類史上最大の戦争被害をもたらした。日本が戦ったアジア・太平洋戦争について言えば、民間人も含めた日本国民の犠牲者は、日中戦争もあわせて三百万人以上、そして、中国をはじめアジア地域では二千万人近くが犠牲になったとされる。これらの犠牲者は数字で示せば素っ気ないが、みなさんと同じように、その一つひとつが貴重な命であり、それぞれの人生があった。それが、戦争という人間が起こした惨劇によって無残に奪われてしまったのである。

この戦争では、都市に対する空襲で多くの一般の人たちが犠牲になった。当時、航空機による空からの攻撃は軍事関連施設に限定すべきであり、一般住民を対象としてはならないという規範は広く定着していた。しかし、日本軍は中国の内陸部の都市重慶などで**無差別爆撃**を行った。アメリカ軍も日本の各地で一般住民を対象にした空襲を繰り返した。さらに、日本の広島と長崎には原子爆弾が投下された。この核の問題については第5章を読んでほしい。

空襲以外でも一般住民が戦争の犠牲となった。アジア諸地域では日本軍による住民に対する虐殺や略奪、暴行などが各地で行われた。代表的な事例が「**南京事件**」である。中国の都市南京を占領した日本軍は、住民や捕虜を大量に殺害するとともに、略奪や暴行も行った。

日本は、一九四四年夏からは完全に劣勢においこまれた。日本人の犠牲者のほとんどがこの時期以降に生じたとされる（吉田・二〇一七）。しかし、日本政府は戦争をやめようとはしなかった。その結果、多大な犠牲が生じることになった。沖縄では一九四五年に入るとアメリカ軍の上陸による地上戦が行われ、住民も戦闘に巻き込まれた。その結果、およそ、四人に一人が死亡することになった。また、同年八月にソ連が日本に宣戦布告し、中国東北部などに進攻した。これにより現地にいた日本人のみならず朝鮮や中国の人たちも犠牲になった。八月一四日、日本は連合軍側に対して降伏することを決定した。しかし、中国東北部やサハリン（樺太）など、その後も戦闘が継続し犠牲者が出る地域も存在した。

戦争とは、政治指導者たちの判断の積み重ねの結果行われるものである。その判断によって実際に人を殺害するなどの行為をしたり、逆にその犠牲となるのは、その決定に直接加わることのできない一般の人たちである。特に、戦場となった地域の住民はもっぱら犠牲だけが強いられた。そのため、日本政府がどのような「償い」を行うのかということが問題となった。

4　戦争責任の問題はどのように扱われたのか

敗戦により、日本はアメリカを中心とする連合国の占領下におかれることになった。戦争を引き起こした政治指導者たちの責任を問う声は日本国内にも存在したが、実際の措置は連合国による戦犯裁判というかたちで行われた。まず、戦争を引き起こしたことは「平和に対する罪」であるとして、いわゆるA級戦犯たちに対する裁判が東京で行われた（極東国際軍事裁判／東京裁判）。また、アジア各地では日本軍による戦争中の住民の殺害や捕虜に対する虐待などの行為が裁かれることになった（BC級裁判）。

A級戦犯に対する裁判の根拠となった「平和に対する罪」については、それまでの国際法の考えにはなく、後からつくられた「事後法」であるとして批判的に捉える見方もある。また、敗戦国側だけが一方的に裁かれたことを問題視する意見もある。

だが、問題は他にもある。戦犯として裁かれた数は、実際に起こった戦場での残虐行為のほんの一部に過ぎなかった。また、裁判は植民地保有国そして男性の視点から行われたため、植民地支配や女性に対する性暴力をめぐる問題について深く追及されることがなかった（林・二〇〇五）。特に後者については、現在も未解決の慰安婦問題として後に浮上することになる。

以上のような戦犯に対する処罰とともに、日本に対しては戦争によって生じた損害を償わせるための「賠償」をどのように課すかという点が問題となった。**賠償**（戦時賠償）とは国家間で行われるものであり、戦費の支払いや相手国が受けた被害を償うものである。当初、連合国軍側は日本に対して厳しい賠償を課すという意見が強かった。

ところが、このような方針に変更が生じた。その原因の一つには、第二次世界大戦後に生じたアメリカを中心とした資本主義陣営とソ連を中心とした社会主義陣営との間での対立が生じたことによる（冷戦）。アメリカ政府内では、中国大陸や朝鮮半島における社会主義陣営との対決を考えた場合、日本を味方に取り込むべきであるという考えが強まっていった。さらに、一九五〇年に朝鮮半島で戦争が始まり（朝鮮戦争）、アメリカや中華人民共和国などが介入することで資本主義陣営と社会主義陣営との間での国際的戦争へと発展した。このような情勢のなか、日本に対して厳しい賠償を課すという方針は転換され、連合国側は日本に対する賠償請求権を原則放棄するという「日本に非常に寛大」なものとなった（内海・二〇一〇）。

一九五一年、朝鮮戦争が行われているなか、日本は**サンフランシスコ講和条約**を結び、占領状態から脱してアメリカ側の陣営に加わった。ただし、この講和条約にはソ連などの社会主義陣営は署名せず、中国や朝鮮半島からの代表は講和会議に招待されなかった。これらの国々とは後に個別に戦後処理のための交渉が行われることになった。

また、戦争により被害を受けた東南アジア諸国と日本との間では個別に協定が結ばれた。賠償は「役務」と「生産物」の提供というかたちで行われたため、これらの国々ではダムや道路、工場などの建設に日本企業が関与するとともに、日本の製品が輸出されることになった。そのため、「賠償ビジネス」とも言われ、日本企業の経済進出の足がかりを築くことになった。このことは、韓国と結ばれた協定についても同様である。

サンフランシスコ講和条約と同時に、日本はアメリカと**日米安全保障条約**を結んだ。この条約により、アメリカは日本に軍隊をおくことが認められた。この日米安全保障条約については第４章を読んでほしい。

このような状況において、日本社会では戦争責任問題について「ダブルスタンダード」が成立したとされる。対外的には極東国際軍事裁判（東京裁判）の判決を受け入れることを表明することで必要最小限度の戦争責任を認めて、アメリカとの同盟関係を維持する一方で、国内においては戦争責任の問題を事実上否定したり、深く追及しないという姿勢をとるというものである（吉田・二〇〇五）。では、戦争で被害を受けた人たちに対して日本政府はどのように対応してきたのだろうか。

5　国民に対する補償は行われたのか

「戦後補償」（以下「補償」という）とは、国家間で行われる賠償とは異なり、戦争によって被害を受けた個人に対して被害を与えた側の政府あるいは自国の政府が行う償いである。日本政府は占領状態が終結すると間もなく、「戦傷病者戦没者遺族等援護法」を成立させた。その目的は、軍隊で勤務中に死亡あるいは負傷、発病した者やその遺族に補償するというものであった。さらに、占領期に廃止されていた軍で働いたものに対する年金（軍人恩給）も復活した。このように軍隊で働いた人たちに対する補償が行われる一方で、民間人に対しては行われなかった。日本政府の対処には大きな差が生じたのである。

戦争には一般の人たちも動員・協力させられた。さらに、地上戦や空襲などによって多くの犠牲者も出た。たとえ生き残ったとしても、戦争による精神的・肉体的ダメージを抱えて生涯苦しむものも少なくない。このような国民に対しては何の補償もする必要はないのだろうか？
戦争被害を受けた人たちの中には、国に対して補償を求める訴えを行った人たちも少なくない。ここでは、その例として空襲で被害にあった人たちが起こした裁判について取り上げてみたい。アジア・太平洋戦争では、アメリカ軍による空襲が日本各地で行われ、大都市を中心に大きな被害がでた。そのため、東京や大阪、名古屋などで空襲被害者によって日本政府を相手とした訴訟が行われることになった。

東京では一九四五年三月から五月にかけて数度の大規模空襲にあった。これにより十万人以上の死者が出たとされる。空襲で死亡や負傷から免れたとしても、家や財産などの生活基盤を失ったり、親がいなくなったため「戦災孤児」として自力で生き抜くことを強いられた人たちも少なくない。また、目の前で肉親の死を見た記憶のフラッシュバックが起きたり、助けることができなかったことに対する自責の念に苛まれ続けるといった精神的被害を抱えている人が今も少なくないとされる（中山ほか・二〇一五）。しかし、これらの被害者に対して日本政府は何らの補償も行っていない。

そのため、東京大空襲の被害者たちは日本政府に対する謝罪と補償を求めて裁判をおこした。この裁判は最高裁判所まで争われたが、結果は原告の敗訴であった。他の空襲訴訟においても被害者の訴えは退けられたが、その際に裁判所が示した主な理屈が「受忍論」というものである。これは戦争で生じた被害については、国民は我慢しなければならないというものである。この理屈に示されるように、日本政府は戦争被害者に対する補償については消極的な態度を取り続けている。

6　隣国からの問題提起

一九九〇年代に入り衝撃的な証言が韓国の女性たちからなされた。元慰安婦の人たちが名乗りをあげたのである。日中戦争やアジア・太平洋戦争で問題になったことの一つは、日本軍による女性に対するレイプが多発したことである。このようなことが起これば、住民は日本軍に対して激しい憎悪を抱くようになり、日本軍に対する抵抗や非協力的態度をもたらすことになる。それでは支配がうまくいかなくなる。また、日本軍の間で性病が拡がるおそれもある。兵士が病気になることは軍事力の損失につながる。

そこで考えだされたのが、日本軍あるいは日本軍が認めた民間業者などが運営する「慰安所」で軍関係者に性行為をさせるというものである。慰安所は日本軍が占領した各地につくられた。性行為の相手をさせられたのが先ほど取り上げた「慰安婦」と呼ばれる女性たちである。日本の植民地であった朝鮮半島や台湾の人たち、中国大陸や東南アジアといった日本軍が占領した地域の人たちも慰安婦になった。無理やり慰安婦にさせられた人たちも少なくない。女性の「性」が戦争の手段として用いられたのである。

韓国の元慰安婦の人たちは日本政府に対して謝罪と補償を求めた。その後、フィリピンなど他のアジアの元慰安婦の人たちも声をあげるようになった。当初、日本政府は「民間の業者」が行ったことと主張したが、間もなく、慰安所の設置や管理などに日本軍が関与していたことが明らかになり、日本社会でも広く注目を集めることになった。結果、日本政府はこのことを認め、元慰安婦の人たちに対するお詫びと反省の気持ちを表明した。

この頃は、第二次世界大戦終結から五〇年を迎えようとする節目の時期であった。日本国内においては、かつて日本が行った戦争や植民地支配に対して反省をすべきであるとする意見が多かった。一九九五年七月に日本国内で行われたある世論調査によれば、慰安婦問題で日本「政府は補償すべきだ」という意見は五八％であり、「そうは思わない」の二九％を大きく上回っていた。また、「日本は韓国に対して過去の償いを十分にしてきたと思いますか。まだ不十分だと思いますか。」という問いに対しては、「十分だ」の二六％に対して、「不十分だ」は五六％に上っていた（『朝日新聞』一九九五年七月二九日付朝刊）。

韓国ソウルにある慰安婦像

同年八月には、当時の首相が談話を発表し、「植民地支配と侵略によって、多くの国々、とりわけアジア諸国の人々に対して多大な損害と苦痛を与え」たとしてお詫びと反省の気持ちを表明した（いわゆる「村山談話」）。この談話はアジアの国々から高い評価を得ている。

7　慰安婦問題解決の試み

このような風潮のなか、日本政府が対策として打ち出したのが「女性のためのアジア平和国民基金（アジア女性基金）」だった。この基金は日本国内で募金を集め、それを元慰安婦たちへの「償い金」（一人二百万円）に充てるというやり方が採用された。なぜこのようなやり方がとられたのかというと、日本政府は一九六五年に韓国政府との間での協定により、韓国の人たちに対する補償をめぐる問題は解決済みであり、新たな措置はとらないという立場であった。しかし、慰安婦問題に対する「道義的責任」は認め、日本政府と国民が協力して、元慰安婦の人たちに対する「全国民的な償い」の気持ちを表すためにこのようなやり方をとったのである（デジタル記念館　慰安婦問題とアジア女性基金ホームページ）。

この事業では、政府予算による医療・福祉支援事業（一人当たり一二〇万～三百万円）とともに、内閣総理大臣のお詫びの手紙も添付された。そのため、「実質的な国家補償」であったという見方もある（大沼・江川・二〇一五）。韓国のみならず、台湾やフィリピン、インドネシア、オランダでも活動が展開された。

しかし、この事業に対しては日本国内では賛否が分かれた。反対の立場からの意見としては、このような償いをする必要はないという主張が存在した。また、日本政府が「法的責任」を認めず、補償ではなく「償い金」という名目で金銭を給付するというやり方に対する批判も出された。韓国や台湾でも同様の批判が巻き起こった。そのため、韓国や台湾では認定登録された元慰安婦の人たちの三分の二が受け入れないまま同事業はその活動を終えた（和田・二〇一五）。

その後、二〇一五年一二月に、日韓両政府の間ではこの問題の「最終的かつ不可逆的な解決」について合意がなされた。日本側は旧日本軍の関与や日本政府の責任を認め、元慰安婦の人たちへの支援として韓国政府が設立する財団に十億円を拠出するといった内容である。だが、これに対して韓国国内では、韓国政府が彼女たちの意向を尊重せずに勝手に日本政府と合意したという批判が出された。加えて、当時の朴槿恵（パク・クネ）大統領が汚職等の疑惑で罷免されることになり、韓国社会では同大統領の失政の象徴となってしまった。その後の文在寅（ムン・ジェイン）政権は、すでに結ばれた合意について破棄はしないが、日本政府に対して追加の措置を求めている。しかし、日本政府は、この要求を受け入れようとはしない。慰安婦問題解決の展望はいまだに見えていない。

8　ナショナリズムの呪縛？

これまで見てきたように、現在も過去の戦争がもたらした出来事には未解決のものが少なくない。しかも、それらをめぐって、日本と周辺の国々との間では対立が一層激しくなっているとも言える。その原因についてここで詳しく取り上げることできない。ただし、日本社会だけでなく韓国などの近隣諸国に共通する現象として指摘できることがある。それは「ナショナリズム」の高まりである。現在は、「**グローバル化**」が進んでいると言われる。つまり、人やモノや情報、カネなどの移動が世界規模で拡大しているのだ。最初に述べたように、日本でＫ－ｐｏｐが人気を集めたり、日本に来る外国人観光客が増加しているのはグローバル化の現象である。グローバル化については第6章も読んでほしい。

しかし、グローバル化が進行することに伴う不安も出てくるようになった。それは、日本社会の同質性が失われ、あたり前と思われていた「日本」だとか「日本人」とは何かということが問われるようになったのである（吉見・二〇〇九）。今日のテレビ番組などでは、日本の文化や伝統を讃えるものが少なくない。その一方で、韓国や中国などを批判する内容の本やネットでの意見もあふれている。このような現象はナショナリズムの高まりとして理解することができる。

ナショナリズム（nationalism）については簡潔に説明することが難しいし、いろいろな定義が存在する。ここでは、日本政治思想の研究者である橋川文三の考えを参考にしてみよう。橋川は、ナショナリズムを故郷の自然や家族などに対する愛情とは異なる、「より抽象的な実体、即ち新しい政治共同体への忠誠と愛着の感情」と定義している（橋川・二〇一五）。この「新しい政治共同体」とは「**ネーション**（nation）」を指しているが、これは「民族」とも「国民」とも（さらには「国家」とも）訳される。つまり、私たちが特定の「民族」なり「国民」に帰属意識を抱くとともに、その集団に対する忠誠と愛着を有する「感情」であると説明しておこう。

この「感情」の対象となる「民族」や「国民」といったものは、私たちが日々接している家族や友人たち、あるいは学校や会社といった具体的なものではなく、抽象的なものである。言い換えると、それは「想像されたものである」と言えるかもしれない（アンダーソン・一九九七）。そして、人類の長い歴史においては、ナショナリズムは比較的新しく生まれたものでもある。

わかりやすい例が、オリンピックやワールドカップなどのスポーツ競技で日本の選手を応援することである。応援するのはそのスポーツ選手が私たちの仲間であり、一緒に応援するメンバーも仲間だからである。それは理屈というよりも感情に訴えかけるものである。私たちが周りの人たちとの関係性を有しながら生活しているということを考えれば、このような仲間意識は自然なものと言える。

しかし、このような仲間意識が強まることで、その集団内部における違いや個について無頓着になってしまうおそれがある。さらに、自分たちの仲間とは異なるとみなされる人たちを排除したり、敵対する存在とみなしてしまう危険性も抱えている。先にも述べたように、今は本や雑誌、あるいはインターネット上に韓国や中国を批判あるいは中傷する内容の記事があふれている。また、「日本人」以外の人たちを対象とした差別的言動（ヘイトスピーチ）が問題にもなっている。このような現象は近年になって激しさを増してきている。

日本でも他の国々でも、過去の戦争がもたらした問題は、国の利益や名誉に関わるものとして語られることが多い。その場合、自国の行動を正当化し、他国を批判する主張になりがちである。私たちはナショナリズムにとらわれすぎていないだろうか?

9　過去の戦争はもう終わったことなのか

最初に紹介した日韓世論調査の結果に見られるように、過去の戦争によって起こった問題への対応の積み重ねが、現在の日本とアジアをはじめとした地域の人々との関係に影響を与えている。だが、慰安婦問題に見られるような戦争がもたらした問題は、日本対韓国といった国対国という構図だけで捉えられるべきものではない。

戦争で女性が性的暴力の犠牲になるということは、現在の世界においても実際に起こっている。例えば、一九九〇年代に起こった旧ユーゴスラビアでの内戦では、敵対する勢力の兵士による女性たちへの性的暴力が頻発した。また、近年のシリア内戦でも多くの女性たちがレイプなどの被害にあっているとされている。これらの事例は「**戦時性暴力**」と呼ばれるものであり、人権をめぐる深刻な問題となっている。

また、東京大空襲や原爆投下による被害のように、戦争がおこれば軍人だけではなく、子どもや女性、老人なども犠牲となる。このような戦争によって犠牲を強いられた人たちへの「償い」はどうするのか?ということは今の日本国内でも未解決の課題である。過去の戦争を終わったこととして片づけてしまわずに、現在にもつながる問題として捉えなおす必要があるのではないだろうか。

✎考えてみよう

最近のニュースや身の回りの出来事、あるいは自分自身のことで「ナショナリズムにとらわれている」こととしては、どのようなことがあっただろうか。そのことについて自分の考えをまとめてみよう。

感染症の「負の歴史」に学ぶ

前田隆夫（西日本新聞論説委員）

新型コロナウイルスが社会にもたらした厄災は、それを報じるメディアの課題を浮き彫りにした。

感染拡大の「第三波」が猛威を振るっていた二〇二一年一月。感染症法の改正案が議論を呼んだ。入院を拒否した患者に、懲役を含む刑事罰を科す内容だった。「感染者に懲役刑。これが医療の世界の話ですか」。ハンセン病の元患者（回復者）は憤りをあらわにした。

政府は戦前から戦後にかけて、ハンセン病（らい）の患者を「らい予防法」によって療養所に強制隔離した。国民に「恐ろしい病」の意識を植え付け、患者への偏見・差別を助長し、家族を断絶させた。治療薬が普及しても隔離を続けた。新型コロナとハンセン病は全く異なる感染症だが、政府が法律の力を使って患者を「収容」する発想に、ハンセン病の元患者はかつての強制隔離を想起したのである。

ハンセン病患者の人権を踏みにじった強制隔離は、二〇〇一年の熊本地裁判決（確定）で憲法違反と断罪された。こうした過去の誤った政策の反省に立って制定されたのが感染症法である。感染症対策には国民の理解と協力が欠かせない。強権で不安や恐怖をあおるのはマイナスでしかない。

人々はよく知らない感染症に恐れを抱く。恐れが過剰になると、感染者を不当に避けたり、差別したりする。ＨＩＶ・ＡＩＤＳ（エイズ）でもそうだったし、コロナ禍でも繰り返された。

どこの誰が感染したかが詮索された。周囲から偏見の目を向けられ、嫌がらせを受けた患者がいる。患者の家族は福祉施設や保育施設の利用を断られた。医療従事者もまた、同じような目に遭っている。

このようなことを防ぐには何が必要か。感染症の正しい知識、情報であり、それを広く伝えるのがメディアの役割である。無用な偏見・差別を生まないために、情報はもちろん正確でなくてはならない。

法律や政策は、どこか遠いところで、知らないうちに決まっていると思っている人もいるだろう。私たち主権者が注意の目を向けないと、誤った政策が実行される。その結果、苦しめられるのは私たちだ。

政治や行政の監視もメディアの責務だ。ハンセン病問題で、メディアが強制隔離を看過し、差別に加担したことを忘れてはならない。メディアもまた、歴史に学び、正しい知識を得ることが不可欠である。

第8章

国境・ボーダーとは何か

学ぶポイント
- 国境や境界（ボーダー）とはどのようなものか
- 私たちはなぜ「国境の罠」「領域の罠」にはまってしまうのか
- 国境や境界（ボーダー）との上手な付き合い方はどのようなものか

1　人間が作り出すボーダー・国境

私たちは、**ボーダー**（**境界**）だらけの世界に生きている。自分の家（部屋）と外、私有地と公共空間、電車やバスの一般席と優先席、教室と廊下など、ボーダーによって区切られた空間を毎日のように行き来している。通学で都道府県や市町村の境界を越える人もいるだろう。人や集団を分けるボーダーも身近にたくさん存在する。自分と他人、男と女、学生と教師、日本人と外国人など、枚挙にいとまがない。あたり前となって普段意識することはないかもしれないが、実は私たちの世界はボーダーにあふれている。しかも、ボーダーとは「自然な」現象ではない。すべて、人間が作り出したものだ。

ここで、国境をめぐる**領土紛争**や、世界中で起こる難民危機を思い浮かべる人もいるかもしれない。新型コロナウイルスの感染拡大で世界中の国境封鎖が話題にもなった。本章で扱う「国境」も、このようなボーダーのひとつである。これは、国家と国家の範囲を分ける比較的スケールの大きなボーダーだ。みなさんは「国境」という言葉を、当然ながらご存じだと思う。しかし、国境がどんなものなのか、どこにあるのか、どんな役割をもっているか、知らない人がおそらくほとんどではないだろうか。私たちの多くは普段の生活のなかで国境を意識することは、実際のところほとんどない。ましてや、国境を実際に見たり、渡ったり、国境の近くに旅することもないと思う。

特に日本人の場合は、通常、外国に行く際には飛行機を使うことが多い。日本は島国であり、海に囲まれているからだ。外国と接する**国境線**は、領土を取り巻く海のどこかにあるはずだ。飛行機に乗って外国に出かけるとき、私たちは知らず知らずのうちに、いつの間にか、空の上で海の国境を越えていることになる。国際線の座席前のモニターに映る地図には、陸の国境線は書いてあっても、海の国境線まで入っていることはまずない。だから、実際に国境を見ることもないし、国境を越えているという感覚そのものをもつこともないのである。

これはみなさんにとってごく普通のことかもしれないが、世界的に見れば決して自然なことではない。大陸の国には陸域の国境があり、海ではなく陸地で隣国と直に接している。米国メキシコ国境に行くと、フェンスや壁で隣国と隔てられた国境を見ることができる。ここは毎年三億人以上が行き来する「世界でも最も忙しい国境」だ。また、川や比較的小さな海で隣国と接している場合も多い。例えば、シンガポールとマレーシアはわずか一㎞ほどの海を挟んで接しているが、この海にかかる二本の橋を渡って一日に四〇万人もの人々が往来している。このように国境を通勤や通学、観光などで日常的に行き来している人々は、私たちが思っている以上に世界中に多くいるのである。

ところが、国境と日常的に付き合いながら生きている人々や社会のことを、これまでの国際政治学や国際関係論はあまり重要視してこなかった。また、国家間関係の分析においても、二カ国が陸や海で国境を共有することの意味はほとんど無視されてきたといってよい。どちらかと言えば、明確な国境によって囲まれ、分離されたパッケージとしての**領域国家**を前提にして、政府同士のやりとりや権力関係で物事が決まるのが国際関係だという考え方が主流であった。そして、このような考え方こそが、国際関係は私たちには直接の関係がない「遠い世界の出来事」という印象を与えてきたとも言える。

国境の周辺や境界地域に実際に足を運ぶと、このような従来の考え方では説明できないような現象に数多く触れることができる。そして、自分事として国際関係を考えるためのヒントを得ることもできるだろう。本章ではそれがどのようなものかを紹介するが、まずは、私たちが国際関係を考える際に知らず知らずのうちに抱いている国境のイメージと実際の国境がいかにズレているのかというところから話を始めてみたい。

2　イメージのなかの国境と実際の国境

私たちの生活のなかで、テレビやインターネットで見る天気予報は欠かせない情報のひとつである。ほとんどの人にとっては自分の住む地域が今日は晴れなのか雨なのかを確認することが一番の関心事であろうが、特にテレビでは各地域の詳細な予報の前に全国の天気概況が映し出されることが多い。ここでよく目にする、日本列島がまるで絶海の孤島のように大海原に浮かんでいる予報図を思い出してほしい。実は私たちはこの「加工」された日本地図を毎日テレビやインターネットで見ることによって、ある種の「罠」にはまっている。すなわち、日本の領土は海によって遠い隣国から守られていて、隣国との接触もほとんどなく、国内ではどこも同じく均質的な日々の営みが行われているのであろう――多くの人々は、国境線や隣国というものが自国の領土から離れたはるか彼方にあると思い込まされているフシがある。

しかしここで、一度地図帳を開いて、日本とその周辺の地理をしっかり見てみてほしい（図1）。日本から見て、朝鮮半島やロシアのサハリン、台湾などがどんな位置関係にあるのか、実は日本の領土が意外なほど近い距離で外国と接しているということが瞬時にわかるだろう。同時に、隣国と接する海の国境線も、領土にかなり近いところにあるであろうことも推測できる。

だが、首都圏など本州に住んでいると、実感としてこの距離感覚はなかなかわからない。韓国・釜山からわずか二百kmしか離れていない九州の福岡に住む学生であっても、国境や隣国に近いという実感はあまりないだろう。他方で、国境線にかなり近い場所で生活している人々は実際にいるのだ。後述する長崎県**対馬市**は、釜山までわずか四九・五km、天気がよければ肉眼で釜山の町並みをはっきりと見ることもできる距離だ。対馬の人々は人口の十倍以上の韓国人観光客を受け入れながら、隣国や国境と上手に付き合い独自の生活を営んでいる。「国境が危ない」「対馬が韓国に乗っ取られる」といった大手メディアが流布するイメージとはまったく違う政治空間が日本国内に存在していることを、私たちの多くはきっと知らないだろう。

図1　日本の国境・境界地域

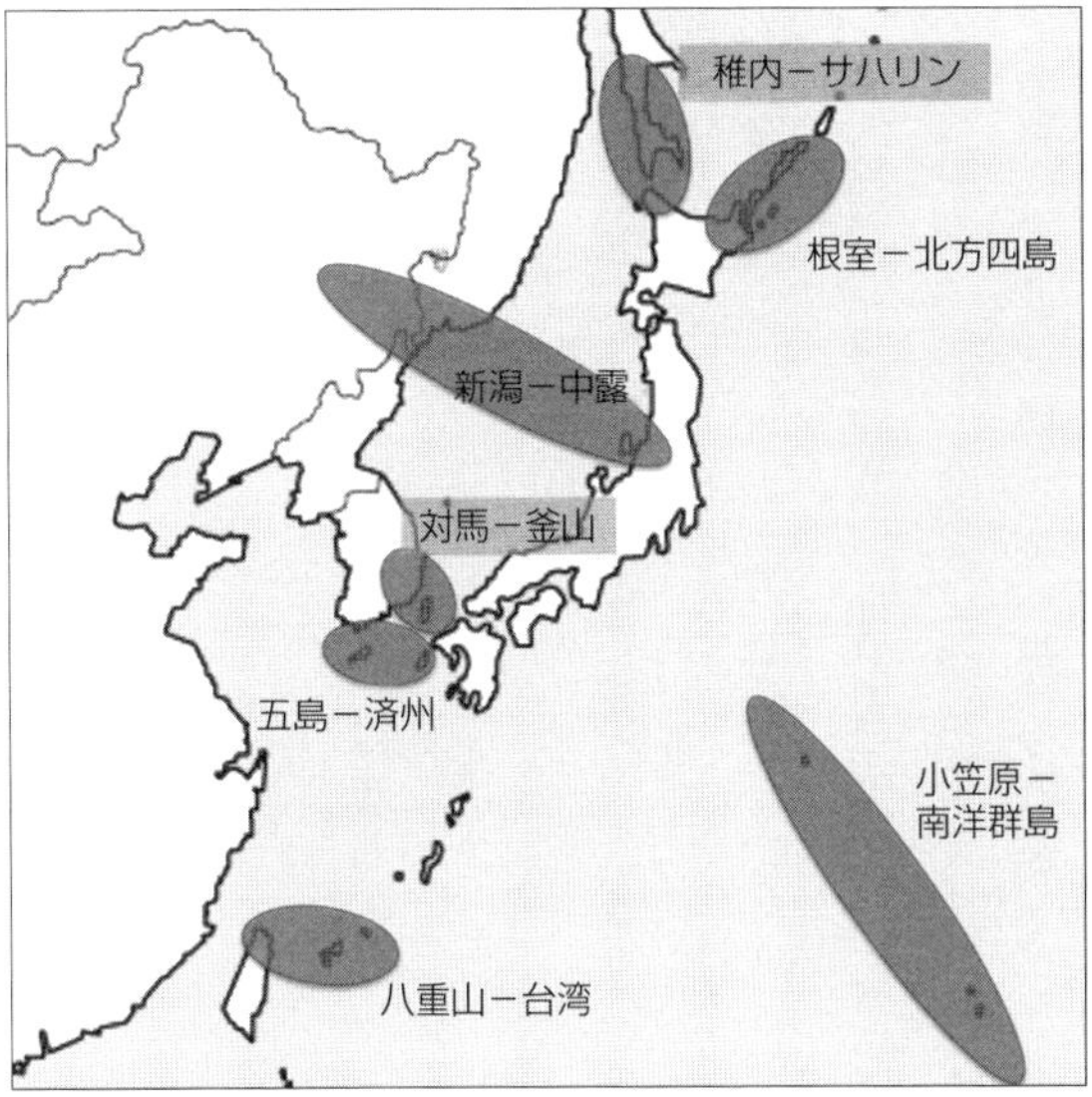

出所：日本発大規模白地図サイト【世界地図｜SEKAICHIZU】をもとに筆者作成。

　国境はもっと遠くにあり、自国と隣国を明確に区別しているため、国境を直接またぐような交流や人の行き来は例外的であるという私たちのイメージは、実態と異なることが多い。このようなイメージを抱いてしまうことを「国境の罠」と呼ぶとすれば、私たちはなぜこのような「罠」にはまってしまうのだろうか。

3　なぜ、「国境の罠」にはまるのか

国境とは線なのか

私たちはよく「国境」「国境線」といった言葉を同じ意味で使うことがある。さらに、「辺境」といった意味合いで国境という言葉を使うこともあるだろう。しかし、厳密に言えばこれらの意味するものはまったく違う。ここでは、国境の機能や意味を分析する新しい学問分野、**ボーダースタディーズ**（**国境学、境界研究**）の知見を手がかりに考えてみたい。

私たちは、往々にして国境を「線」としてイメージすることが多いはずである。世界地図で国家と国家の間に示されている一本の線が国境線である。海で隣国と隔てられている場合には、通常、領海や排他的経済水域（EEZ）といった国家の管轄権が及ぶ範囲の境目に一本の国境線が引かれる。英語で「**バウンダリー**（**boundary**）」と呼ばれるこのような国境線を、国境そのものだと認識する人が多いのではないだろうか。

しかし、ボーダースタディーズの知見に依拠すれば、国境とは国と国を分ける線そのものではな

い。「国境」とは正しくは、この線としての国境線を含みながらも、それよりも広い空間、「ゾーン」や「エリア」として認識される。英語ではこれを国家間の「**ボーダー**（border）」と呼んでいる。そしてさらに、国境（ボーダー）には大きく分けて「国境地域」と「辺境」というふたつのタイプが存在する。前者は、国境線を直にまたいで両国の間に何らかの交流や接触があるゾーンのことをさす。例えば、国境線をまたぐかたちで道路や橋がつながっていたり、船舶の定期航路があったり、経済や文化の交流があったり、観光客が行き来するといった状況があれば、それは**国境地域**と呼ばれる。つまり、「あちら」と「こちら」をつなぐゾーン、玄関口（ゲートウェー）としてボーダーをイメージできる空間が存在するのである。英語ではこれを**ボーダーランズ**（borderlands）、なかでも双方向の密接な交流がある地域を**ボーダーリージョン**（border region）と呼んでいる。

逆に、国境線に隣接する地域ではあっても、国境線をまたぐかたちで隣国との交流や接触がほとんどないゾーンやエリアは「**辺境**」（英語で**フロンティア**（frontier））と呼ばれる。隣国との関係性がまったくないのならば、その国境線や隣国が地理的にどんなに近くであっても、そこは「端っこ」「行き止まり」に過ぎないという認識となる。

このように、「国境」は「線」ではなく本来は「ゾーン」や「エリア」として存在していること、また「国境」には国境線を接する国との交流が存在する「国境地域」と存在しない「辺境」のふたつのパターンが含まれることがわかる。にもかかわらず、私たちの多くは国境を「線」そのものとして理解してしまう傾向がある。このことによって私たちは、国境線を挟んだ「ゾーン」や「エリア」で活発に行われる隣国同士の交流や人の行き来が把握できなくなってしまうのである。逆に、自国と隣国の範囲を明確に区別して人やモノの移動・交流をむしろ遮る線としての機能が強調されてしまう。これが、私たちが「国境の罠」に陥ってしまう大きな理由である。「線」として単純化された私たちの国境観は国境周辺の実態と大きく異なるかたちで構築されているのである。

「国境」と「境界」(ボーダー)

上記では国境を英語で「ボーダー」と呼ぶと述べたが、実は少し留保が必要である。「国境」とは厳密に言えば隣国と法的に合意された国境線を含むゾーンであるが、「ボーダー」にはこのような「国境」のほかに、国境線がいまだ法的に合意されていないゾーンも含まれる。つまり、国境線が法的に合意されたゾーンとそうでない曖昧なゾーンの両方を含むものとして「ボーダー」は理解されている。日本語ではこの「ボーダー」を国境ではなく「境界」と訳す。

なぜこのようなややこしい捉え方をするかというと、実は世界の多くの国境線が未画定のままであり、国境や国境線と呼べない場合があるからである。例えば、韓国と北朝鮮を分ける軍事境界線(いわゆる38度線)とその周辺の非武装地帯(DMZ)は、両国間で空間を分ける何らかの線やゾーンであることは確かであるが、画定した「国境線」や「国境」ではない(朝鮮戦争の暫定的な休戦ラインに過ぎない)。したがって、これらを「境界線」や「境界」という言葉で表現せざるをえない。さらにあまり知られていないが、日本の周辺エリアにおいても国境と呼べる場所は意外に少ない。対馬と釜山の間のみが例外的に法的な「国境線」が引かれた「国境地域」であり、その他のエリアには実は「国境線」はなく、「国境」と呼べない。まず、日本はロシア（旧ソ連）との間には国境画定に関する条約がなく、法的に合意された国境線をもたない。次に、台湾とはそもそも国交すらなく、国境線を画定できないため、対ロシアと同様に両者の真ん中に引かれた中間線が事実上の国境線として運用されるのみである。さらに、韓国や中国とは一部のエリアでどこに国境線を引くかで紛争を抱えている。このように、法的な意味で「国境」とは言えないゾーンが非常に多いため、それらを含めて「境界」（ボーダー）と呼ぶのである。

このことを踏まえると、バウンダリーは「境界線」、ボーダーは「境界」、ボーダーランズやボーダーリージョンは「境界地域」と言い替えることができる。もちろん、同じ境界地域であっても、国境線が明確に引かれている「国境地域」と、そうではない「境界地域」では大きな違いが見られることもある。例えば、私たちの直観とは裏腹に、国境線がはっきりしている「国境地域」の方が、そうではない「境界地域」より、両国間のボーダーをまたいだ交流や通行が活発に行われることが多い。いずれにしても、国境や境界に関する現象は多様であり、「線としての国境」というひとつのイメージだけですべてを説明することは困難なのである。

ちなみに、境界やボーダーという言葉は本来、国家と国家の関係だけを説明する概念ではない。本章の冒頭で述べたように、国家に関係しない空間と空間、人と人、集団と集団、事柄と事柄などについて、その区分けや関係性を問う場面でも使われる。本章では特に国と国の間の境界やボーダーを中心に取り扱うが、その他の事象への応用可能性については、本章の最後で触れてみたい。

日本の国境(境界)の多様性

さて、これら国境や境界に関する各カテゴリーを現在の日本の例に当てはめてみよう。小笠原諸島(東京都)や五島列島(長崎県)は現状では隣国との交流がほとんどないため事実上の辺境(フロンティア)に近いのに対して、稚内(北海道)はロシア・サハリンと、与那国島・石垣島などの八重山諸島(沖縄県)は台湾と、さらに新潟はロシア極東や中国東北部とそれぞれ部分的な交流があるため、境界地域(ボーダーランズ)として認識できる。さらに、対馬と福岡は、韓国・釜山との深い関係から見て、国境(境界)地域(ボーダーリージョン)と呼ぶにふさわしい。他方で、根室(北海道)は苦しい立場におかれている。ビザなし交流をはじめとした北方四島との交流の拠点であることから、事実上のボーダーであるにもかかわらず、北方四島は日本の「固有の領土」であり国境線は択捉島の先にあるという日本政府の公式見解により、根室は国境はおろか境界地域とさえ呼ぶことが許されていない。

このように考えてみると、普段私たちが「国境」というひとつの言葉でイメージしているものと、実際の日本の周辺領域における多様な姿との間には大きなギャップがあることがわかる。つまり、私たちの多くは、竹島や尖閣諸島などの紛争地域を除けば、日本の周辺領域には隣国と法的に合意された「国境線」が必ずあり、この線としての「国境線」が「国境」そのものであり、かつ隣国との交流がほとんどない「辺境」（フロンティア）であると理解しているのではないだろうか。これは、前述の天気予報図から生じる日本の地理的イメージとも合致する。ところが、実態はまったく違う。実際には、対馬と釜山の間以外では確かに「国境線」は画定していないが、しかし事実上の境界線を挟んだ交流によって、ボーダーや境界地域を形成しているのである。

4　「領域の罠」にはまりこむ私たち

国境という言葉の認識に潜む罠について述べてきたが、実は罠がもうひとつある。それは、近代国家が国境や境界によって空間を区切り、境界づけられた領域のなかで絶対的、排他的な権力（これを主権という）を行使することで自らの正当性を確保するという**イデオロギー**から生じるものである。

政治地理学者のジョン・アグニューは、国際政治学や国際関係論で展開される議論は総じて、**「領域の罠」**に陥っているという。境界地域を含む国家内部の社会は非常に複雑で多様であるにもかかわらず、単純化されたかたちで国家を均質的な単一のユニットとして把握し、ユニット同士の関係性の問題として国家間関係を捉えるため、国家内部の多様な現実が国際関係へ及ぼす影響を理解できないというのである。

アグニューの「領域の罠」論には、三つの要素がある。第一に、国家は明確に国境が画定された領域に対して排他的な主権を行使できるはずだというものである。これは、国家が自己の正当化のために作り出した物語ではあるが、学問としての政治学や国際関係論が意図するしないにかかわらずそのまま踏襲してしまっているというのである。しかし実際には、第4章で触れられた沖縄の米軍基地の実態を見てもわかるように、自国の領域内であるにもかかわらず主権を行使できないケースが存在する。

第二に、国境を境に、国家の内と外、内政と外交、国内政治と国際政治は明確に峻別されるという認識である。同じ太さの実線で国境線が引かれ国別に色分けされた世界地図を見続けると、このような誤った認識をもってしまう可能性がある。つまり、国境は「線」として捉えられ、かつ単色で塗られた国家内部の領域には均質的な世界が広がっているというものである。

そして第三は、国家の境界と社会の境界が一致しているはずだという認識である。逆に言えば、国家の境界をまたぐかたちでの社会の形成などありえないということだ。しかし、これも実態と相当にズレている。実際には、ボーダーを挟んだ境界地域同士で独自の付き合いをするケースが多い。

このように三つの要素によって**社会的に構築**され、学問上の通説として社会で再生産された「領域の罠」は、人々の領域観や国境観に大きな影響を及ぼしてきた。前述のように、テレビの予報天気図で構築される領域観や、線として抽象的にイメージされる国境観とも重なり合う。つまり、明確に引かれた国境線によって、領域内の排他的支配が確立し、内政と外交がはっきり分かれ、国境線は社会の切れ目、国境地域とは「行き止まり」の辺境なのだという考え方だ。

国境の罠と併せてこれらの罠にかかると、私たちは見えるべきものが見えなくなってしまう。何が見えなくなるのかを、日本の境界地域の実情を例に紹介したい。

5　境界地域社会の実態とは

前述した米国メキシコ国境、シンガポール・マレーシア国境の例のように、世界には国境を挟んだ日常的な通行と交流が行われ、国境（境界）地域社会を形成しているエリアが多くある。そのなかで、日本の境界地域として典型的な例となるのが、長崎県対馬市であろう。

対馬に見られる境界地域社会の生き方

対馬はもともと歴史的に朝鮮半島との関わりが深く、古代以来、**交流と国防の最前線**である。江戸時代にはかつての対馬藩が、徳川幕府と朝鮮王朝との間の国交を回復させるために、互いの国書を改ざんする事件まで起こしたが、これはひとえに、朝鮮半島と付き合わなければ生きていけないという対馬の**生存戦略**から引き起こされたものだ。対馬は地理的に山地がほとんどで、稲作に適した平地が少なく、産業も少ないため、僅かな産品を頼りに朝鮮半島と貿易を行うしかなかった。また、距離的にも朝鮮半島の方が本土や九州より近いため、航行安全の観点からも朝鮮半島との付き合いを強く意識していた。

これは、領域国家の観念が浸透して国境管理が厳しくなる近代以前の話ではあるが、近代以降、現在においてもこのような地理的認識に変化はない。つまり、生きるために対岸の国と折り合いをつけながら上手に付き合うという境界地域ならではの独自のロジックが脈々と受け継がれてきたのである。領域国家の枠組みを優先し、「ここまでは日本、あちら側は韓国」だから韓国との付き合いや交渉は国に委ね、自分たちは関係がない、ということには決してならない。むしろ、境界地域としての自らの地理的条件をフル活用し、主体的に対岸の隣国社会と独自の信頼関係を築いてきたのである。

境界地域特有の政治と外交

竹島・独島問題や慰安婦問題などをめぐって日韓の外交関係や両国の国民感情がかつてないほど悪化するなかで、対馬と釜山の境界地域は東京とソウルの間で行う国家間外交とは異なった「境界地域政治」「境界地域外交」とも呼ぶべき政治的営みを行ってきた。

二〇一七年一〇月にユネスコ世界記憶遺産に登録された朝鮮通信使関連資料の準備と交渉の背景には、日韓の民間団体のほかに、対馬と釜山の人々の間での強い信頼関係があった。特に対馬の側には、江戸時代に朝鮮通信使の実現を全面的にエスコートすることで豊臣秀吉の朝鮮出兵によって断絶した日本と朝鮮の外交関係を復活させ、約二百年にわたる両国の平和を維持してきたという自負がある。アグニューの「領域の罠」に依拠するならば、国境線によって内政と外交が明確に分かれるということになるはずだが、対馬にはそのような意識は薄い。むしろ、釜山との交流・交易こそが対馬のアイデンティティや生存戦略の一部であるため、嫌韓ブームなど一時の日本国内における政治的状況からの影響は限定されてきた。つまり対馬は、境界地域として対岸の隣国との外交を行いながら、国家レベルの国内政治には回収されない独自の政治空間を確保してきたのである。

対馬には、陸海空のすべての自衛隊が駐屯している。朝鮮半島と四九・五kmの距離にあるため、いざというときの国防の要になるのは間違いない。このことの理解は市民にも浸透しており、自衛隊員はうまく対馬の社会に溶け込んでいる。しかし、境界地域は国防だけでは生きていけない。国防のみを重視して、国境を「閉じ」、人とモノの交流を止めれば、対馬のような境界地域はたちまち衰退する。対馬郷土史の大家、永留久恵氏はかつて、「対馬は古来より、朝鮮半島との交流が活発な時期は繁栄し、交流が途絶えると衰退した」と述べた。対馬のような境界地域では、国防と交流の両方を状況に応じてバランスよく組み合わせる必要があることを示唆している。

一方で、二〇一二年には対馬島内にある仏像が韓国人窃盗団に盗まれる事件が発生した。韓国との交流を担ってきたという自負をもつ対馬の人々にも怒りが起こり、国際交流を祝う地元の祭りが中止に追い込まれた。しかし、韓国との交流なくして対馬の経済、文化は存続できないとして、二年後には祭りの名称を変えて復活した。国レベルや国民レベルでの日韓関係が同時に悪化するなかで、対馬は国境警備を強化し、韓国との付き合いも再検討するべきだという意見が在京メディアから発せられたにもかかわらず、対馬は部分的にではあれ、韓国に対して寛容と受容のメッセージを

図2　対馬への外国人入国者数、対馬市人口の推移

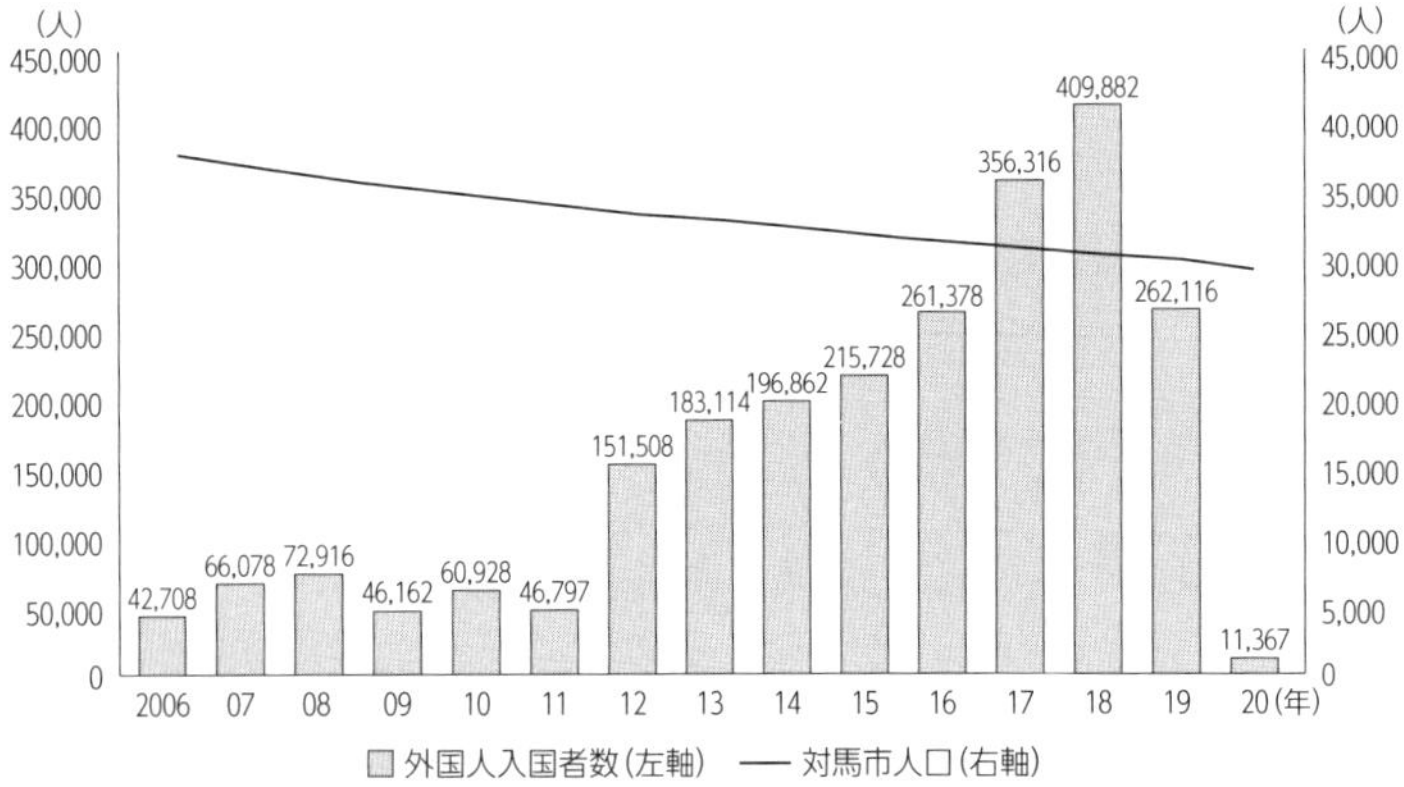

出所：法務省「出入国管理統計」、対馬市

送ったのである。

「隣人」としての韓国人観光客との付き合い

境界地域独自のロジックは、対馬における韓国人観光客の受け入れにも見られる。新型コロナウイルスの影響で二〇二一年現在は往来が途絶えているが、二〇一八年には、現在三万人の人口の約一四倍にあたる約四一万人の韓国人を受け入れてきた（図2）。これは同年に訪日した韓国人の数のおよそ二〇分の一に相当する。釜山から対馬北部の港、比田勝港までわずか一時間、このうち約半数がわずか数千円で日帰り往復している。大陸にはない対馬の自然と文化を楽しみ、島のスーパーで日本の飲食品を大量に買い込む。彼らはパスポートを持っているとはいえ、海外旅行というよりは、ちょっと遠くへのピクニック、買い物といった感覚だそうだ。それでも、対馬と釜山との間に国境があるからこそ生み出される「**差異**」が、多くの韓国人

観光客を惹きつけているのは間違いない。

そんな韓国人観光客を、対馬の人々は複雑な心境で受け入れている。国境・交流の島とはいえ、島民すべてが韓国人に対して寛容であるわけではない。むしろ、かつて密漁や密航などがあったことから、一般的に韓国に対してあまりいい印象をもたない住民は多い。しかしそれでも、国境交流を生きがいにする人もいれば、商売として割り切って韓国人観光客を受け入れる人もいる。特に後者のスタンスは、**好き嫌い**の問題とは切り離した、生きていくための術である。国境の島・対馬の人々は国境や隣国の韓国に対してみな同様に考えているだろうという捉え方はフィクションだ。実際には、韓国人に対して実に多様な感じ方、考え方が同居している。これは島をひとつのユニットと捉えることから生じる過ちであり、一種の「領域の罠」でもあるのだ。

近年、日本の本土では、嫌韓ブームやヘイトスピーチなど外国人を排除しようとする動きが見られる。しかしそれは、外国人を排除したいと思えばいつでも可能で、そうしたとしても生活には大きな影響はないという状況があるからこそ、できることである。境界地域である対馬では、そのようなことはできない。仮に韓国人を排除すれば、たちまち島の経済は立ちゆかなくなるだろう。

それでも個人的に韓国人と付き合いたくないという対馬の人も当然いる。筆者は以前、ある居酒屋を訪ねて驚いた。店の入口にハングルだけで、「今日は予約で一杯です」と書かれている。諦めて帰ろうとしたが、もしやと思いドアを開けると、やはり空席があり、何の問題もなく席を通された。ハングルが読めない日本人や地元の人は、何も気づかずに店に入る。また、韓国人観光客の方は席がないから仕方がないといって帰るだけで、特にカドが立ったり傷つくわけでもない。その居酒屋の経営者も、いくら韓国人が嫌いとはいえ、ケンカをして険悪な関係になればＳＮＳで一気に広まり、その店だけでなく対馬全体に対して悪影響を与えることを懸念する。対馬から韓国人がいなくなれば、自分たちが生きていけないことをわかっているからだ。

好き嫌いではなく、生きるために**隣人**、**隣国**と付き合う。これが境界地域に共通する地理感覚である。そして、隣国との交流によって経済や人口が維持されて初めて、境界地域、ひいては国全体の**安全保障**が確保されるという理解が大切なのである。

6　ボーダーフルな世界で上手に生きる

人、モノ、カネの世界的移動が自由となるグローバル化によって世界は**ボーダーレス**となり、国境や境界といった地理的要素は過去の遺物となったという議論がある。国境は国際的な経済、文化交流を妨げる障壁であり、取り払われるべきものだ、と。確かにグローバル化は進んだが、実は逆に世界の国境管理は強化されている。二〇〇〇年以降も国境に壁やフェンスを建設する傾向はむしろ強まり、同時に国境管理のハイテク化も進んでいる。シェンゲン協定によって域内のパスポートチェックを原則廃止した欧州においてさえ、度重なる金融危機やテロ、難民問題、英国のＥＵ離脱を決めた二〇一六年のＢＲＥＸＩＴを契機として、新たなボーダーが内部に立ち現れようとしている。二〇二〇年から世界を席巻した新型コロナウイルスは国境を跨ぐ移動を大きく制限しただけでなく、「県境を跨ぐ移動の自粛」という初めての経験を私たちにもたらした。このように、国境やボーダーは完全に消えてなくなることは稀であり、実際にはそのまま残り、強化され、消えたと思うとまた引き直され、あるいは新たに作られているのだ。そして、観光や国際交流、「担ぎ屋」も含めた貿易にも見られるように、そうしたボーダーが作り出す**空間的差異**を利用して生きる人々も依然として多い。このことを考えると、私たちはむしろ、世界は「**ボーダーフルな世界**」であることを前提に、ボーダーを上手に利用することこそが求められている。

対馬のような境界地域の経験が、国家間の国際関係にどのような影響を与えるのかは、その時どきの状況の変化に依存するし、未知数なところもある。しかし、**ナショナリズム**同士のせめぎ合いとして議論されがちな日韓関係のなかで、対馬と釜山との関係は、これとは明らかに異なった境界地域特有のロジックで動いており、韓国側でも近年注目されるようになっている。好き嫌いを超えた健全な「**隣人関係**」構築の経験が、歴史論争で泥沼にはまった日韓関係を緊張緩和させるかもしれないからだ。私たちは境界地域に見られる経験や知恵を理解することによって、「国境の罠」「領域の罠」を回避しながら国際関係を再検討し、隣国と良好な関係を築くためのヒントを得られるかもしれない。そして、その際に最も重要なことは、国境やボーダーに関するイメージや言説がいかに社会的に構築されたものであるかを理解することである。

このことは実は、国家間関係や領域論以外の政治的問題にも応用可能だ。なぜなら、私たちの身の回りはボーダーとそれに付随する「罠」にあふれているからだ。例えば、都市部で一般化する「女性専用車両」を考えてみてほしい。特定の車両だけを女性専用にして、そこでの痴漢、性暴力を防止することを目的としたもので、一見、正当性の高い措置に見える。しかし、同時に、男性すべてを潜在的犯罪者とみなし、男女の区別や力関係を固定化させ、かつこのような認識を社会的に再生産させる効果をもつ。そして実際に、女性専用車両にたまたま乗り込んだ男性客がトラブルに巻き込まれるケースも増えているという。これは、空間を区切り境界づけをすることによって、当初は意図しなかった社会的意味が構築され、無意識のうちに刷り込まれていくという「罠」の典型例であろう。

さらに言えば、私たちの周りには、領域や場所を区切る地理的なボーダーだけではなく、人やモノを区分けするボーダーが網の目のように張り巡らされている。私とあなた（自己と他者）、私のモノとあなたのモノ（所有権の帰属）から始まり、家族と他人、男と女、子どもと大人、成年と未成年、現役世代と高齢者、健常者と障害者、正社員と非正規労働者、国民と外国人、民族と民族など、無意識のうちに様々なボーダーを前提として日常を生きている。

ボーダーとは本来、区分けする何らかの線の存在を前提としながらも、双方向の対話や通行、交流の可能性を内に含む概念である。にもかかわらず、便宜的、合理的な目的で区切るはずのボーダーが、いつの間にか対話を不可能にする絶対的な分断線として認識され、それを無意識に信じ込む「罠」に人々は陥りがちだ。とはいえ、私たち人間はボーダーから完全に自由になることはできない。場所や人、モノを区切り境界づける営みは、人間の本質的な要素のひとつだからである。「ボーダーフルな世界」に生きる私たちに求められるのは、ボーダーの役割と機能を理解し、境界づけに潜む「罠」に陥ることなく、時にはボーダーとその意味を作り替えながら、ボーダーとうまく付き合う術を不断に問い続けることなのである。

✎考えてみよう

日本の国境地域に関する話題や出来事を新聞記事などで調べて、国境地域がどのような課題を抱えているのか、そこに住む人々が何を求めているのか、考えてみよう。

第Ⅲ部

政治への問い/政治からの問い

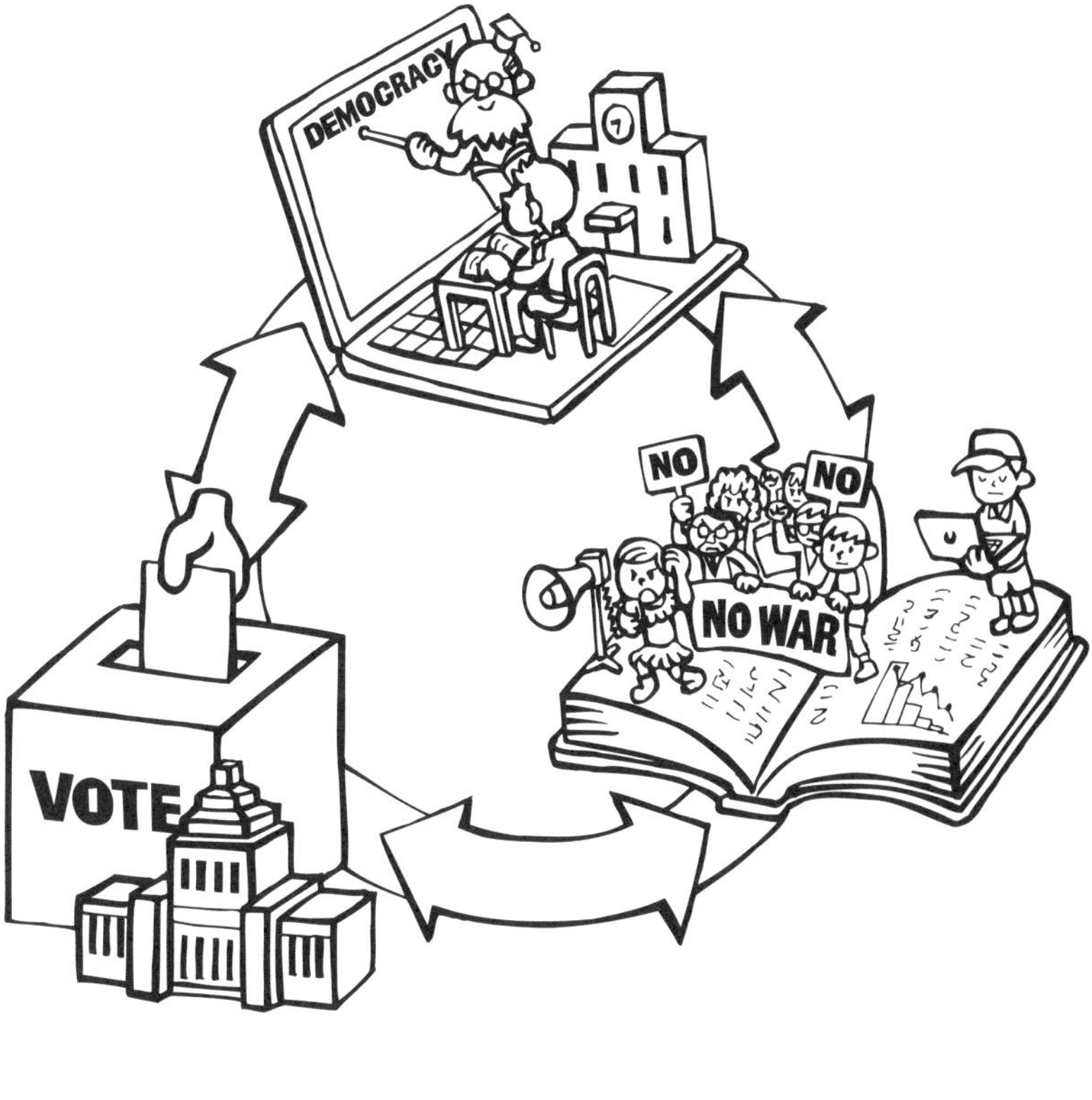

第9章

民主主義とは何か

■吉野作造・丸山眞男から考える

学ぶポイント

- デモクラシーとは何か
- デモクラシーを支える人間像はどのようなものか
- これからのデモクラシーをどう支えていくのか

1　デモクラシー（民主主義）とは何か

これから社会へ飛び出して、そこそこ働いてガッチリ給料をもらい、好きなものを買って、美味しいものを食べて、旅行に出かけてなどなど、社会人としての将来はなんと前途洋々たることか……なんて想像しているみなさんの出鼻をくじくような話で申し訳ないのだが、実は日本の働き方問題は非常に深刻である。

図1　自殺者数の推移

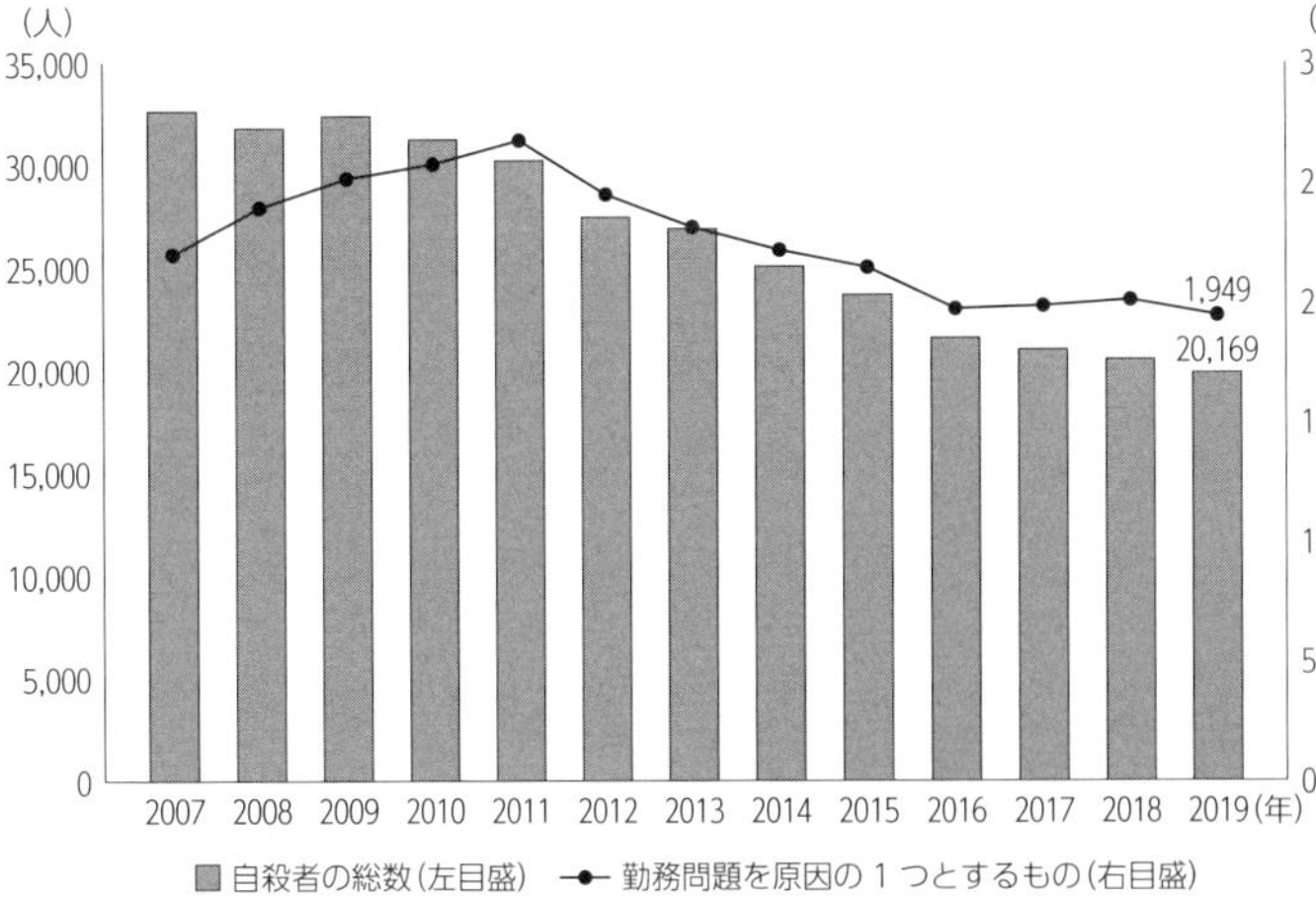

出所：厚生労働省『過労死等防止対策白書　令和二年度版〔概要〕』2020年
（https://www.mhlw.go.jp/stf/seisakunitsuite/bunya/0000053725.html）。

例えば、二〇一五年に痛ましい事件が伝えられた。非常に有名な、かの大手広告会社で国内最高峰といわれる大学を卒業した女性社員（当時二四歳）が、違法残業による過労のために自殺した。「え？　あんな大手がブラック？」そう驚く声を聞いたものだ。会社トップや彼女の上司だけでなく、働く者を守るはずの労働組合にも批判の目が向けられ、会社全体で大きなダメージを受けた。もちろん最大のダメージを被ったのは、死なねばならなかった彼女自身であり、彼女の家族である。本人をはじめとして、会社全体、出身校、家族や友だちはみんな困る。だが、このような真面目に働く人が過労によって命を失う事件は後を絶たない。残念ながら勤務問題を原因の一つとする自殺者数は毎年約二〇〇〇名前後の水準を保っている（二〇一九年度一九四九名）。二〇一八年には労働者による主体的な改革ではなく、「官制版春闘」とも揶揄される「働き方改革」が実施されたが、改善したと言えるだろうか。

もしも、この問題があなたにふりかかってきたとすればどうすればいいか。会社内外の友人、親、労働組合に相談することなどで、運が良ければ解決への糸口は見つかるかもしれない。相談相手をつくっておくことはこの意味でとても重要だ。

それに、そもそも違法な労働は認められてはならず、違法労働をさせた会社には厳しいペナルティが必要である。労働者を守るはずの労働組合はどうすべきだったか。違法労働をさせないように指導し監督する立場にある国家機関についても責任がないとは言い切れない。時代にあわせて労働法制を変えたり、人権をないがしろにする会社や事業所を罰したり、違法労働を根絶すべき国家機関に喝をいれたりすることも必要になろう。そうした基本的なルールの設定や運用のあり方は、どこでどのように決まっているのだろうか。

国の基本的なルールの設定は、立法機関である国会がその責任を負っている。そして国会議員を選ぶのは有権者である私たちということになる。日本国憲法でいう国民主権というのは、そのような意味合いをもっている。二〇一五年に改正公職選挙法が成立し、**一八歳以上に選挙権**が拡張された。主権者の範囲が拡大したわけであるが、選挙について何も考えず棄権ばかりしているようであれば、「名ばかりの主権者」にすぎないことになろう。以上のような私たち自身が主権者であるという考え方は、なぜ生まれてきたのだろうか。この問題は、本章が取り上げるデモクラシーと密接不可分な関係にある。

そもそもデモクラシーとは何か？　デモクラシーを一言でいえば、一人一人の人間を尊重することといえよう。「多数決じゃないの？」という人もいるだろう。それはデモクラシーの原理としてはほぼ正解である。多数の意向を重視するのは当然だからである。しかし、少数意見といえども一人の人間の意見だ。したがって少数意見を無視したり、抑圧したりするのではなく、むしろ最大限尊重する必要がある。まとめれば、デモクラシーとは少数の意見を尊重するという条件をみたす限りにおいて、多数によってものごとを決するということになる。

さて、デモクラシーには政治体制、思想、理論、制度、運動などの様々な側面があり、どの側面に光をあてるかによって議論の深め方も異なってくる。本章では、デモクラシーの人間像に光をあてたい。というのは、しばしば忘れられがちだが、デモクラシーにはそれを支え動かす主体としての人間が必要であり、古代ギリシャ哲学から近代西欧デモクラシー論に至るまで模索されてきたからだ。例えば、政治に主体的に参加しない人だらけではデモクラシーは成り立たない。だから脈々と議論されてきた人間像は、たいてい理性的で主体的に政治参加する人々である。だが、近年の低投票率に見られるように、私たちは政治にどう関わっていけばよいのかわからなくなっているようだ。言い換えれば、デモクラシーをどのように支え、いかに動かすのかという自画像（人間像）を描きにくくなっていると考えられる。

私たちのデモクラシーの人間像を考えるにあたって参考になるのは、欧米で進展してきたデモクラシーを咀嚼《そしゃく》し、吸収しようと挑戦してきた近代日本の思想家の議論だろう。近代日本においてデモクラシーを支える人間像がどのように考えられたのか思考の軌跡を確認し、それを参考に今後の人間像を模索してみようというのである。

2 吉野作造「大正デモクラシー」の人間像

日本のデモクラシーはいくつもの成功や失敗を経験したうえで、現在も存続している。歴史の重みがあるのだ。近代日本におけるデモクラシーの挑戦は大きく分ければ、三つ挙げることができる。一つは一八七〇～八〇年代明治期の自由民権運動、二つ目は一九一〇～二〇年代の「大正デモクラシー」、三つ目は第二次世界大戦後の「戦後デモクラシー」（戦後民主主義）である。三つのデモクラシーの挑戦には、それぞれ特徴的な運動や思想があり政治体制へ影響を及ぼした。自由民権運動は、明治維新後の薩長（薩摩藩と長州藩）の出身者に独占された政治（藩閥政治）に反発して、憲法制定や国会設立を求めた運動を主とする。「大正デモクラシー」とは、日露戦争後の民衆運動の台頭や、第一次世界大戦の終息に伴う国際的な民主的潮流のなかで起こった日本の民主的・自由主義的運動ないしは風潮、そして短命ながら政党政治が実施されたことも含まれる。明治期より引き継がれた藩閥政治に代わる政党政治の実現を求め、民衆運動や労働運動などが発展した時期である。「戦後デモクラシー」とは、戦中期のファシズム体制から解放されて現れた民主体制で、新憲法（現在の日本国憲法）の制定や男女普通選挙制を含めた今日まで存続する民主的諸制度はこの時期に作られた。新憲法をシンボルとして平和主義、民主主義、基本的人権の尊重といった民主的諸価値は徐々に国民に内面化され、のちに反戦護憲運動、公害反対運動、市民運動などに発展した。以下では、男子普通選挙制を獲得した「大正デモクラシー」と、男子普通選挙制を取り戻し女性の参政権を得た「戦後デモクラシー」に着目し、本節では「大正デモクラシー」期に活躍した吉野作造を、次節では「戦後デモクラシー」の代表的論客であった丸山眞男のデモクラシーの人間像を取り上げることにする。普通選挙制の獲得は、のちに問題化することを論じるが「マス・デモクラシー」（大衆民主主義）状況につながったからである。

「大正デモクラシー」を言論のうえでリードしたと言われるのが吉野作造という政治学者だ。彼は一八七八年生まれで、一九一四年に現在でいう東京大学法学部（当時東京帝国大学法科大学）の政治学（政治史）の教授となった政治学者である。

吉野作造

出所：国立国会図書館「近代日本人の肖像」

吉野は、地位や権力やお金で人を判断することを嫌った。おそらくはキリスト教の信者であったことが影響している。教会に行けば、神さまの前で人はお金を持っていようが持っていまいが、権力があろうがなかろうが、平等な信徒になるからである。彼は、教会での人と人との関係を理想社会だと考えていた節があり、実現するのはほとんど無理だと前置きしながら、理想社会について無権力（無政府）状態で人格と人格とが自由かつ平等で平和に生きていけるところだと論じた。そのために彼は、まずデモクラシーを導入しようと考えた。当時、日本屈指の政治学者であり、キリスト教的な人格社会を理想としたのであれば、そう考えたのも不思議はない。

しかし、戦前期の日本にデモクラシーを持ち込むのは簡単ではなかった。大日本帝国憲法（明治憲法第一条）に記されたように、戦前期日本での主権者（統治権者）は天皇であった。つまり君主主権であり、国民主権など認められるはずがなかったのである。にもかかわらず、デモクラシーを導入しようとすれば道は二つしかない。一つは、戦前の天皇中心の国家体制を根本から破壊して一挙に新たな民主的政治制度を建設する革命を起こさなければならない。もう一つは、戦前期の法律制度や政治の外見をそのままにして、民主的になるようにじわじわ改修工事を行う方法だ。吉野は後者の改修の道を選んだ。

じわじわ改修する方式をとっても、デモクラシーを導入するには骨が折れる。例えば、現在デモクラシーの訳語として定着している民主主義という言葉を、当時は安易に使うことができなかった。理由は、先に述べたとおり君主主権だったからである。ではどうするのか。

吉野のとった戦略は、主権問題には触れずに、あるいは民主主義という言葉に正当性をもたさず、政治の目的と方法とを強調して、実質的にデモクラシーの必要を説くことであった。彼によれば政治の目的は「人民の利福」にあるという。彼が政治の存在理由としたのは、私たちの幸せと利益を質高く、そして大きくすることであった。彼が持ちだした論理は反論しづらい。当時、天皇の主権を強調し、天皇の意思によって政治が行われるべきであると考える人にとっても、終局、政治の目的が「人民の利福」にあることは否定できない。彼はこの道徳的な目標をうまく利用したのだ。

そして吉野は、政治の目的が「人民の利福」にあるならば、それを知るために普通選挙の導入が合理的だという。人民の幸せや利益が何かは人民に聞くのが手っ取り早いというのだ。選挙の結果、人民の信任を得て代議士となったものが党派（政党）をつくり、議会政治を行うことが望ましいと論じた。議会政治は国民を代表する議会を政治の中心にすえるということであり、議会と内閣（政府）とは「主客」の関係にあるべきだというものである。彼は法律学的な論拠を用いずに、「人民の利福」という政治の目的論から、普通選挙、議会政治を正当化する主張を行った。そのような新しい政治スタイルのことを民を本とする「民本主義」と名づけたのである。この後、短い期間ではあったものの日本で政党政治が実際に行われるとの成果を得た。

吉野の主張について若干の補足をすれば、私たちの幸せと利益とは、私たちの生活の全範囲を対象とするものだと考えていいだろう。そのなかでも、彼が強調したのは「民本主義の社会的要求」である。貧困や経済的格差問題や、労働問題などの解決がこれにあたる。彼は選挙や議会を通じ社会立法による対策をすれば、かなりの問題を解決することができると考えていたようだ。経済によって振り回される弱いデモクラシーではなく、デモクラシーの強い力によって経済をコントロールすることをめざした。

吉野が想定したデモクラシーを支える人とは何だろう。先述のように彼はキリスト教的な人格社会の実現をゴールと考えており、個人の人格の進歩向上を第一義とする人格主義の立場にあった。究極的には無権力状態でも人格と人格とが自由かつ平等で平和に生きていけるほどの倫理的人格の出現に期待していた。神のもとの人間の平等性と、人格は無限に成長するという人間観とはデモクラシーを最適の統治システムへと押しあげる。まずは自己の幸福と利益とともに、他者の利益と幸福をも同時に考え、その考えをもとに選挙を通じて政治に参加する人格を求めた。それを繰り返すことで人格と人格とが、互いに尊重しあい、自由と平等と平和を手に入れることができると期待したのだ。

3　丸山眞男「戦後デモクラシー」の人間像

吉野と似たことを言う政治学者がいた。「戦後デモクラシー」期に活躍した丸山眞男である。今度は第二次世界大戦後のデモクラシーだ。丸山の紹介をしておこう。彼は一九一四年生まれで、父親の幹治は有名なジャーナリストであり、父の友人は「大正デモクラシー」期に吉野とともに活躍した長谷川如是閑であった。丸山は東京帝国大学法学部出身で、二三歳で法学部助手として採用されたエリートだ。

丸山が有名になったのは、ファシズム三部作と言われる三つの論文を一九四六年より発表してからだ。**ファシズム**について最小限の説明をすれば、民主化をある程度経験した国家に現れる独裁体制であり、人権を無視し共産主義や自由主義を排撃するとともに、過度の民族主義や国家主義で国民を暴力的に統制し、英米仏中心の国際秩序を破壊するために武力に訴えて周辺国を侵略し、世界を第二次世界大戦へとひきずり込んだ国家の政治体制や思想それに運動を指す。ドイツのヒットラー率いるナチス政権が、六〇〇万人と言われるユダヤ人の大量殺戮を行ったことはあまりに有名だ。

彼がファシズムを研究したのは、彼自身の戦中のひどい経験に端を発しているようだ。例えば、丸山は旧制高校三年生のとき(一九三三年)、講演会の宣伝紙に知り合いの長谷川の名を弁士として見つけ、ふらりと講演会場へ入った。ところがそれは「唯物論研究会」の講演会であり、彼は左翼の若手大物と間違われて逮捕拘留された。彼は特別高等警察(特高)から暴力を用いた思想信条についての取り調べを受けた。持ち物はすべて開けられ、持っていたメモも殴られながら一言一句問いただされた。暴力で心の中を踏み荒らされたのである。もちろん彼は共産党員でも、国体破壊論者でもなかったのでまもなく釈放された。

丸山眞男

(提供　朝日新聞社)

その後、太平洋戦争末期の一九四四年にすでに東京帝大助教授になっていた丸山は、陸軍二等兵として召集されてしまう。帝大教授・助教授の徴兵はめずらしいもので、ましてや二等兵の例はないようだ。通常は召集されたとしても下士官ではなく、将校として入隊するはずだ。ところが彼は二等兵だった。おそらく先述の思想犯としての逮捕歴が響いており一種の懲罰であろう。彼は、逮捕以後、自身が国家権力によってずっと監視されていた事実を知って怯えた。二等兵として入隊した彼は軍隊内で殴られ、蹴られ、栄養失調となって入院のため二カ月で東京へ戻された。上等兵や若い将校よりもはるかに学識のあった丸山二等兵は、ただでさえストレスのたまる軍隊生活のなかでいじめの標的にされたのだ。以上のように彼は、一〇代後半から三〇代前半までの最も活動的な時期に、自由もデモクラシーもまったく存在しないファシズムを、ファシズムの暴力性がむき出しとなる特高の取り調べ室や軍内部において経験したのである。

丸山は、彼とともに日本人が長期にわたる戦争から解放された一九四五年に「デモクラシーの精神構造」と題したメモを残している（丸山『自己内対話』）。デモクラシーを使いこなすための精神的態度を論じたものだ。彼によれば「まづ人間一人ひとりが独立の人間となること」だと言う。「他人のつくった型に入りこむのではなく、自分で自分の思考の型をつくって行くこと」であり、「間違ってゐると思ふことには、まっすぐにノーといふこと」だと言う。

丸山が重視したのは、独立した思考をもつ人格であった。彼は福沢諭吉の研究者としても有名である。福沢は「**独立自尊**」との言葉を残し、江戸幕府が官学とした儒教と決別し、近代的な新しい判断基準をもてと個々人へ呼びかけた。丸山が福沢について研究したのは、「デモクラシーの精神構造」を福沢のうちに読みとっていたからであろう。

第二に丸山は、「他人を独立の人格として尊重すること（一の裏面である）」だと言う。「独立自尊」の人格である自己は、他者も「独立自尊」の人格として尊重すべし、ということになろう。また「独立自尊」の人格は、「**他者感覚**」をもつべきだということを繰り返し論じている。「他者感覚」には二通りの意義がある。ひとつは、たくさんの他者と交流し、他者の考えや痛点を知ることが大切だという意味だ。もうひとつは、自己を「他在」において理解することだという。「他在」とはなかなか説明が難しいが丸山は次のように例える。「自分が行動する場合に、舞台の上で行動していながら、同時に自分の分身が観客席にいて、自分の行動を冷徹に見つめているという様な必要がある」（『丸山眞男集』16巻「私達は無力だろうか」）。常に自分のなかに想像上の他者を想定し、自己の価値判断を検証しつづけることだろう。彼がデモクラシーのために要求する精神態度をまとめると、自立した個人、他者の尊重、自己を客観視できる能力の三つとなろう。

以上が、まさに第二次世界大戦直後の丸山における「戦後デモクラシー」の人間像である。だが、デモクラシーを支える人間とは修養を積んだ哲学者のような印象だ。かなりハードルが高い。補足すれば、彼の要求の高さは戦時中の過酷なファシズム体験に基づいていると思われる。ファシズムを二度と復活させないための個人とデモクラシーとを想定したがゆえに、これだけの高い要求を記したのであろう。ファシズムとは、彼が「日本中がオウム真理教」だったと語るほど、抵抗するのが難しく、しかも狂った政治現象だったのだから。

丸山は「民主主義」とは「永久革命」だと論じた。民主的な政治制度がどんなに充実していても、デモクラシーは機能しないときには機能しない。なぜなら、機能するにはデモクラシーを支える人格が多数必要だからだ。デモクラシーとは、もちろん制度や統治システムの側面をもつのだが、吉野や丸山が人格を問題にしていることからわかるように、個々人の道徳や意思に頼るところがある。個々人の精神態度が問題となるのだ。だからこそ「民主主義」とは「永久革命」なのである。「民主主義」と人間とを切り離すことは難しいのだ。

4　これからのデモクラシーと人間像

丸山の言うとおりデモクラシーを機能させるには、他者感覚をもった独立人格が大多数であることが望ましい。しかし、あれだけ高いハードルを設けるとデモクラシーの担い手は誰もいなくなってしまう。筆者も確実に不合格だ。それに現代は、普通選挙制を獲得した吉野や丸山の時代とはかなり段階が異なるのである。

例えば、現代は**マス・デモクラシー**（**大衆民主主義**）の時代という指摘もずいぶんと前からなされている。つまり、二つの世界大戦後の普通選挙制の実現の結果、新たに選挙権を得た有権者は十分な政治教育を受けていないか、生活に追われて政治を分析したり、思索する余裕のない人が多いというわけだ。現代日本の場合、高度経済成長のなかで生活がある程度の高さに平準化され、生存要求が徐々に穏やかになると、政治は民衆の意識から遠のいた。それにともない政治と生活とをつないでいた労働組合などの中間的組織も存在意義を失う。その後、グローバル化の進展で価値観が多様化したとともに、格差社会に再突入し政治を考える余裕のない社会となった。このため政治が私たちの生命や生活に直結していると意識する人は大幅に減少したとみられる。ここに低投票率や無党派層の増大の要因があろう。

総務省の調査によれば二〇一〇年代の一〇年間の国政の選挙区の投票率は五四・二%に落ち込み、半分近い人が投票に行かない事態が続いている。しかも二〇代の投票率は三〇%台という低い値にある。もはや民意と言っていいのかどうか微妙な状況だ。また、現在では政治家や政党を信じないという人の割合は七割を超えている。政党や議会を通じたデモクラシーは存続の危機に直面していると言っても過言ではない状況なのだ。さらにポピュリズムが日本をふくめ世界の各国で盛り上がっている。ポピュリズムは「大衆迎合主義」とも言われ、政治現象の複雑さや有権者の知識不足につけ込んで、有権者に聞こえのいい政策を掲げたり、「腐敗エリート」や「既得権益層」を攻撃することで感情に訴えて権力を得ようとする政治手法や姿勢をいう。人気のある指導者がメディアをうまく活用して大衆受けする演説を行い、排外主義的傾向をあおるのも常套手段である。だが、実態はバランスの取れた政策ではなかったり、多元的価値観を押しつぶしていることが指摘されている。

かような現代人のおかれた現状を踏まえれば、完璧な他者感覚をもち、完全なる独立人格をデモクラシーの担い手として設定するのは非現実的だろう。すなわち、吉野や丸山が言う人間像をあきらめてもらっては困るが、独立人格や他者感覚は努力目標でよかろうし、政治参加はパートタイム的でよいだろうということだ。

ただし、そうなると選挙という一発勝負で政治を決めていくことは非常に危うい。不完全な私たちでは失敗が想定されるからだ。いくつかの保険、すなわち投票による政治参加の補完方法を用意していた方が安全に違いない。例えば、「熟議デモクラシー」や**集会やデモ**への気軽な参加など、選挙という回路以外に意見表明する場を確保しておくことは重要だ。集会やデモは違法だと思っている人が少なからずいるが、集会結社の自由や表現の自由は憲法で保障されており、適正な手続きさえとれば違法なことは何もない。むしろ失ってはいけない重要な意見表明の方法なのである。

「**熟議デモクラシー**」について端的に言えば、すべての人に開かれた形で、いろいろな人がいろいろな人と公共についてじっくりと話し合い、政党や議会それに内閣が「勝手にやっているらしい政治」に影響を及ぼそうとする方法である。異文化に属する人も含めどんな人でも参加でき、他者の異なる意見にも真摯に耳を傾け、自分の意見を述べるとともに自分の誤りに気づいたら自分の意見を修正する。これなら多様化した価値観を意識しつつ公共について考えることができる。そう熟議していけば政治的な教育効果をもち、丸山が言う他者感覚をもった独立人格は増えていくに違いない。熟議を私たちの大多数で実現できれば、「勝手にやっているらしい政治」は、私たちの議論の結果を無視できず勝手にはできなくなる。無視すれば次の選挙で痛手を負うことになるからだ。

具体的な方法としては、例えば裁判員制度のように、無作為に議論する人を選出し、私たちにわかりやすい形でとことん公共について議論してもらうことが挙げられる。デンマークやドイツ、アメリカなどですでに取り組まれてきた方法だ。

以上のような選挙以外の意思表明の場を確保するには、私たちが私たち自身に関心をもつことが前提となる。一言にするなら他者への関心だ。従来、公共と言えば、公共事業に代表される政府や大企業によって私たちに押しつけられる「上からの公共」であった。ここで言う公共とは私たちの共通の課題であり、それらの解決に主体的に取り組む**「下からの公共」**を指している。だが、近年の国政選挙における低投票率を見ると「下からの公共」が発揮されているとは思えない。最近五年間の二〇代の投票率は三割から四割の間で低迷している。その理由は無関心にあろう。だが、つけ加えれば「勝手にやっているらしい政治」と、私たちが関心をもつ公共との間にズレが生じているからだとも言える。ズレがあると言えるのは私たちなりに公共を考えている事実があるからだ。

というのも、私たちは選挙においてではなく、未自覚ながらすでに主体的な「下からの公共」性を発揮し、日本の各地で展開しつつある。一九九五年の阪神・淡路大震災で注目され始め、二〇一一年の東日本大震災ではもっと明確に出てきた被災地への様々な支援活動がそれである。これ以降の自然災害による被害について、私たちは支援に関心をもちつづけ、寄付行為やボランティア活動は身近なものと言えるようになってきた。**被災地支援活動**は一見、政治と無関係に見えるが、新しい政治的動きだと理解することもできる。ローカル（地方／現地）に生きる問題を抱えた人々に共感し、問題解決をめざして活動する。まさに主体的にローカルを支える人間像の登場であり、他者感覚をもった「下からの公共」運動だと言える。この場合の他者感覚は同感や共感と言い換えてもよいだろう。共感する力は、吉野や丸山が言うような道徳的品格の高さに関係なく発揮できる力である。また、保守とか左翼とかいうような前世紀の党派的な考えとはまったく異なる新しい次元だ。マス・デモクラシーが常にはらみ続けてきた課題は、私たちの公共への主体的関心をいかに呼びさますのかという点にあった。ところが若い人も含めて、すでに他者へ共感する力を発揮し、主体性をもってローカルの問題に取り組んでいる者が多数いるのだ。

筆者は大げさに被災地支援活動を取り上げているのではない。なにしろ本章冒頭で見たように、私たちは自身の働く環境の改善にすら目を向けなくなってしまっているからだ。すでに私たちは政党や議会によってなされる政治に期待していない。それゆえに、私たちが「下からの公共」運動をすでに始めていることは注目すべきことであり、人間像の再検討に加え、熟議やボランティアのように人と人との関係のなかから生み出されるデモクラシーの可能性を見つめ直す時期がまさに到来しているのだ。

✎考えてみよう

現代のポピュリズムについて外国の事例を調べ、個人をとりまく社会的状況や政治経済的背景がどうなっているのか、考えてみよう。

「半クーデター」政権の崩壊と統一戦線の行方

石川捷治（政治史研究者・九州大学などの元教員）

安倍・菅政権は尋常ならざる政権であった。戦後の保守政権とどこが違うのか。決定的な違いは「半クーデター」政権という性格にあった。「強権政治」「私物化」「立憲主義からの逸脱」「ソフトな恐怖政治」等の同政権批判の声はその性格から必然的に生まれたものである。

安倍政権は二〇一四年七月の集団的自衛権行使容認の閣議決定を開始点として、「戦争できる国家」への強制転化を目指す「改憲半クーデター」に乗り出した。クーデターの概念には、軍事力による強制と政権奪取のイメージをともなうので、正確には「半クーデター」である。「半」は「半熟」あるいは「半分」の意味だが、軍事力動員の代わりに、官邸主導、官僚人事権、マスコミ統制、警察・司法の恣意的運用などの強制力をフルに利用し、「半クーデター」のもつ政治的風圧が社会と民衆を萎縮させた。戦前の「ファシズム」を肯定する安倍首相（当時）のこのような動きは、人々に大きな危機感を生んだ。

二〇一五年の安保法（「戦争法」）反対運動以降、様々な人々の「統一」へのスイッチが入った。孫を戦争に行かせない、（シルバー）、命と暮らしを守りたい（女性）などの人々がまず結集した。「市民連合」という、政党や労働組合ではなく、個人が自らの意思で参加する組織が全国に生まれた。コロナ禍にあっても、人々の緩やかな連帯は進展した。

いま自民党（と公明党）は、これまで成功した「疑似政権交代劇」で前政権の反省・総括なしに、犯罪をともなった「深い闇」をそのままに転進を謀っている。二〇二一年九月八日、四野党が「政党・政策ブロック」を創った。野党としては戦後史上初の画期的なことであった。この経験は、さまざまな弱点を含んでいたが、今後の「憲法を活かした新しい日本」への政治転換に大きな力となるはずだ。

「半クーデター」政権の崩壊とその影響をうけた総選挙の結果による「空気」の変化という新局面にあって、上からの「反動化」への抵抗として組織されたこれまでの運動が、既存権力への抵抗を維持・強化しながらも、新しい未来のパラダイムを創るさらに大きな結集へと再編成できるのかどうか。統一戦線の行方が注目されている。

第10章

選挙で政治は変わるのか

学ぶポイント
- なぜ、選挙が行われるのか
- 選挙制度にはどのような理念があるのか
- 選挙は効率的に行われているのか

1　政治参加とは何か

政治参加という言葉を聞いたことがあるだろうか。多くの人にとって、日常的によく使う言葉ではないだろう。しかし、政治学において、政治参加は大きな研究テーマの一つであり、今、最も盛んに研究されている分野といっても過言ではない。日本語による政治参加の最も有名な定義は「政府の政策決定に影響を与えるべく意図された一般市民の活動」（蒲島・一九八八）であろう。

表1　政治参加の多様な形態

制度的参加		
	国・連邦レベル	選挙への参加 政党活動 国民投票・国民発案
	州・自治体レベル	選挙への参加 政党・地域政党への参加・活動 自治体・議会への制度的参加 州民発案・州民表決 市民発案・市民表決（基礎自治体レベル）
非制度的参加		
合法的	問題・政策志向	市民活動・市民による政策提言活動 許可されたデモへの参加 署名活動 集会・討論会への参加
非合法的（非暴力）	市民的不服従	禁止されたデモへの参加 山猫ストへの参加 住宅占拠・バリケード
非合法的（暴力的）	政治暴力	暴力行為

出所：（坪郷編著・2009：5）

ただし、この定義は簡潔ではあるものの、これだけでは、やや抽象的で具体的にどのようなものが政治参加になるのかがわかりにくい。いったい政治参加にはどのようなものがあるのだろうか。実はこのこと自体がきわめて大きな問いである。ここでは、政治参加の多様な具体例を簡潔に整理した坪郷實の分類を紹介したい。坪郷は、政治参加について表1のような整理を行っている（坪郷・二〇〇九）。

この表によると、政治参加は、まず制度的参加と非制度的参加に分類される。制度的参加とは、選挙への参加のようにそれが政治に影響すると保障されている形態の参加である。制度的参加としては、選挙への参加のほか、国民投票などが含まれている。こうした制度的参加については、政治参加として理解しやすいだろう。これに加えて、坪郷は、非制度的参加という枠組みも示している。さらには非制度的参加を合法的なものと非合法的なものに分類している。まず非制度的参加のうち合法的政治参加としては、市民活動・市民による政策提言活動のほか、許可されたデモへの参加、署名活動、集会・討論会への参加などを挙げている。現在の日本では、公道上でデモを行う場合、所轄の警察署長の許可を得る必要がある。こうした許可を得たデモは合法的な政治参加ではあるが、政治に影響すると保障されておらず、非制度的政治参加に分類されている。次に非制度的参加のうちの非合法的参加であるが、坪郷はこれをさらに非暴力的な市民的不服従と暴力的な政治暴力の二つに分類している。非暴力的な市民的不服従としては、禁止されたデモ、つまり許可を得ていないデモへの参加や山猫スト（労働組合の一部の組合員が組合指導部の承認を得ず独自に行うストライキ）への参加などを挙げている。また、暴力的な政治暴力としては、直接的な暴力行為、つまりテロリズムを挙げている。

一見、政治参加とは民主主義のために必要不可欠で、それを積極的に行うことはよいことのように思えるかもしれない。しかし、坪郷の分類によると、政治参加とは合法的なものだけでなく、非合法的なものも含まれる。さらには、テロリズムさえ政治参加に含まれるのである。とはいっても、現在の日本においては、現実的なものとして捉えにくいかもしれない。しかし、松本サリン事件（一九九四年）や地下鉄サリン事件（一九九五年）などの化学兵器によるテロ事件を起こしたオウム真理教は、一九九〇年の第三九回衆議院議員総選挙に二五人を出馬させ、国政進出を試みたことがある。結果は全員落選であったが、その後、オウム真理教はより過激化するとともに重武装化した。そして、世界を震撼させる事件を起こすに至ったのである。もちろん、これは非常に特殊な例であり、今から二〇年以上も昔のことである。しかし、日本においても非合法的で暴力的な政治参加が発生していたことは事実である。

2　なぜ、選挙をするのか

前述のように様々な形態がある政治参加であるが、政治参加の最も代表的なものは選挙であろう。ここでは、まず、なぜ選挙をするのかという問いから考えよう。

二〇一六年六月の公職選挙法の改正により、選挙権年齢が二〇歳以上から一八歳以上に引き下げられた。これを受けて、全国で様々な主権者教育が展開された。しかし、同年七月一〇日の第二四回参議院議員通常選挙における一八歳、一九歳の投票率は低く、四六・七八％であった。これ以降、現在でも一〇代では、投票に行く人よりも投票に行かない人の方が多数派となっている。このように若者の投票率が低いこと、また、これに関連して日本の民主主義の今後を憂慮する声が選挙のたびごとに大きく報道されている。一人暮らしの大学生のなかには、実家に残したままの住民票を現在自分が住んでいる場所に移すという手間と時間をかけてまで投票する意味がわからない、どうせ何も変わらないので自分には関係ない、と考える人がいるのかもしれない。しかし、選挙には巨額の税金が使われており、その税金を納めているのは、私たちにほかならない。一回の衆議院議員総選挙にかかる経費は六〇〇億円以上である。なぜ巨額の税金を費やして選挙を行っているのであろうか。

「みんなのことはみんなで決めるべき」という意見に反対する人はほとんどいないだろう。しかし、「みんな」の人数が多くなれば、みんなで集まって話し合って決めることは可能だろうか。例えば、日本国民全員に関係することを決める際に、日本国民全員が集まって話し合って決めるということは可能だろうか。二〇二一年九月の総務省の調査によると、日本の総人口は、概算で一億二五二一万人である。この人数には、一八歳未満の未成年者等も含まれているため、このうち有権者の人数を一億人と仮定しよう。二〇二一年現在、日本国内で最大の収容人数を誇る施設は、横浜市にある日産スタジアムであり、収容人数は約七万二〇〇〇人である。一億人が集まるためには、日産スタジアムの一三八〇倍もの巨大施設が必要になる。このような施設を建設することは、現実的には不可能であろう。また、仮に一億人が集まったとして、それでどうやって物事を決めればよいのであろうか。

もちろん、最近のスマホ等の普及により、物理的に一カ所に一億人が集まらなくても、議題ごとに賛否を送信することによって、多数決を行うことは技術的にはできるかもしれない。しかし、何を多数決で決めるのかという議題の設定については、賛否の送信だけではみんなの意見を聞いたことにはならないだろう。そのため、何を議題に設定するかについて、一人三分間で自分の考え方を述べることとする。それだけでも三分間×一億、つまり三億分、年数で約五七〇年かかる計算になる。多くの人が人生で一回も自らの意見を述べることができずに寿命を終えるだろう。また、もし自分の番が回ってきたとしても、人生で一回きりの三分間でいったい何を訴えればよいのだろうか。

このように、「みんなのことはみんなで決めるべき」という意見はそのとおりであるが、例えば日本全体のことを決める場合に、この意見をそのまま実行することは不可能である。確かに現在では住民投票のような直接民主主義的な動きも盛んになっている。これは現在、注目すべき成果を生みつつあり、今後が期待される動きである。しかし、これまで見てきたように、すべてを直接民主主義に基づいて決定することは現実的ではない。また、東日本大震災のような災害が起こった際に、直接民主主義のようなやり方をとっていると、いたずらに時間が経過してしまい、場合によっては救えるはずだった人命が失われる危険性もある。こうしたことを考えると、やはり私たちは、私たちの代表者を選び、この代表者によって物事を決めていく必要がある。この代表者を選ぶ手続きが選挙である。前述のように、選挙には巨額の費用がかかる。しかし、選挙なしに物事を決めていくことは困難なため、選挙が行われているのである。

3　衆議院の選挙制度の理念とは

では、私たちの代表者は選挙でどのように選ばれているのだろうか。一見、選挙で代表者を選ぶことは簡単なように思えるかもしれない。まず代表者になりたい人に立候補してもらい、その後、みんなで投票し、一番多くの票を獲得した人を代表者に選べばよい――このように考えるかもしれない。しかし、実際はより複雑である。代表者の選ばれ方は、選挙制度によって決められている。ここでは、最も注目される衆議院の選挙で使われている「**小選挙区比例代表並立制**」に着目してみよう。そして、この選挙制度が何を重視しているのか、その理念を検討しよう。

まず、**小選挙区制**について確認しよう。小選挙区制とは、各選挙区から一人を当選させる制度である。ここで注意が必要なのは、小選挙区制の「小」という言葉と、その選挙区の大きさ、例えば選挙区面積の大小や有権者数の大小はまったく関係がないということである。小選挙区制とは、英語でいう single-member district や first past the post の日本語訳である。「小」選挙区というと「小さい選挙区」というイメージをもちやすいが、それは誤解である。現在、日本の衆議院の選挙では、この小選挙区制で二八九人を選出することになっている。そのため、日本全国を二八九の選挙区に分けている。有権者は、自らの居住する選挙区で立候補している候補者から一名を選んで投票する。そして、その選挙区で最も多くの票を獲得した候補者が一人だけ当選する。

続いて、**比例代表制**について確認しよう。比例代表制とは、有権者が政党に投票し、その得票数に比例して各政党の議席数が決定する選挙制度である。比例代表制とは英語でいう proportional representation の日本語訳である。小選挙区制とは異なり、比例代表制という日本語訳はわかりやすいと言えるだろう。現在の衆議院の選挙では、この比例代表制によって一七六人を選出することになっている。その概要を示すと次のようになる。①日本全国を、北海道、東北、北関東、南関東、東京、北信越、東海、近畿、中国、四国、九州・沖縄の一一のブロックに分割する。②各政党は、ブロックごとに順位をつけた候補者のリストを提出する。③有権者は、自らが居住しているブロックの中で、政党を選び投票する。④各ブロックでそれぞれの政党が得た票数に比例して各政党の当選者の数が決定する。⑤各政党は候補者リストの順位に従って当選者を決定する。小選挙区制と比べるとやや複雑だが、簡単に言うと、各政党の得票数に比例して各政党の議席数が決まるというものである。

これらの小選挙区制と比例代表制についてはそれぞれに長所と短所があると説明されることが多い。例えば、小選挙区制は多数党が形成されやすく政権が安定する一方で、死票（落選した候補者に投じられた票）が多くなりやすい。一方で、比例代表制は多様な民意を反映するが、小党分立により政治が不安定になりやすい、といったものである。しかし、選挙制度の専門家である加藤秀治郎は、こうした説明を「虚妄」と指摘し、選挙制度の理念を顧みていないと強く批判している。加藤によれば、小選挙区制と比例代表制の最大の違いは、それぞれの制度が立脚する理念の違い――いかなる民主主義観や議会観に基づいているのか――にある。小選挙区制は選挙区の多数派の代表を議会に送ればよいと考える選挙制度であり、比例代表制は世論を正確に反映する議会をめざす選挙制度である（加藤・二〇〇三）。つまり、小選挙区制は議会で多数派の意見を重視するという多数決の理念を重視したものであり、比例代表制は議会で多数派だけでなく少数派も含めた民意を反映す

図1　衆議院議員の定数と内訳

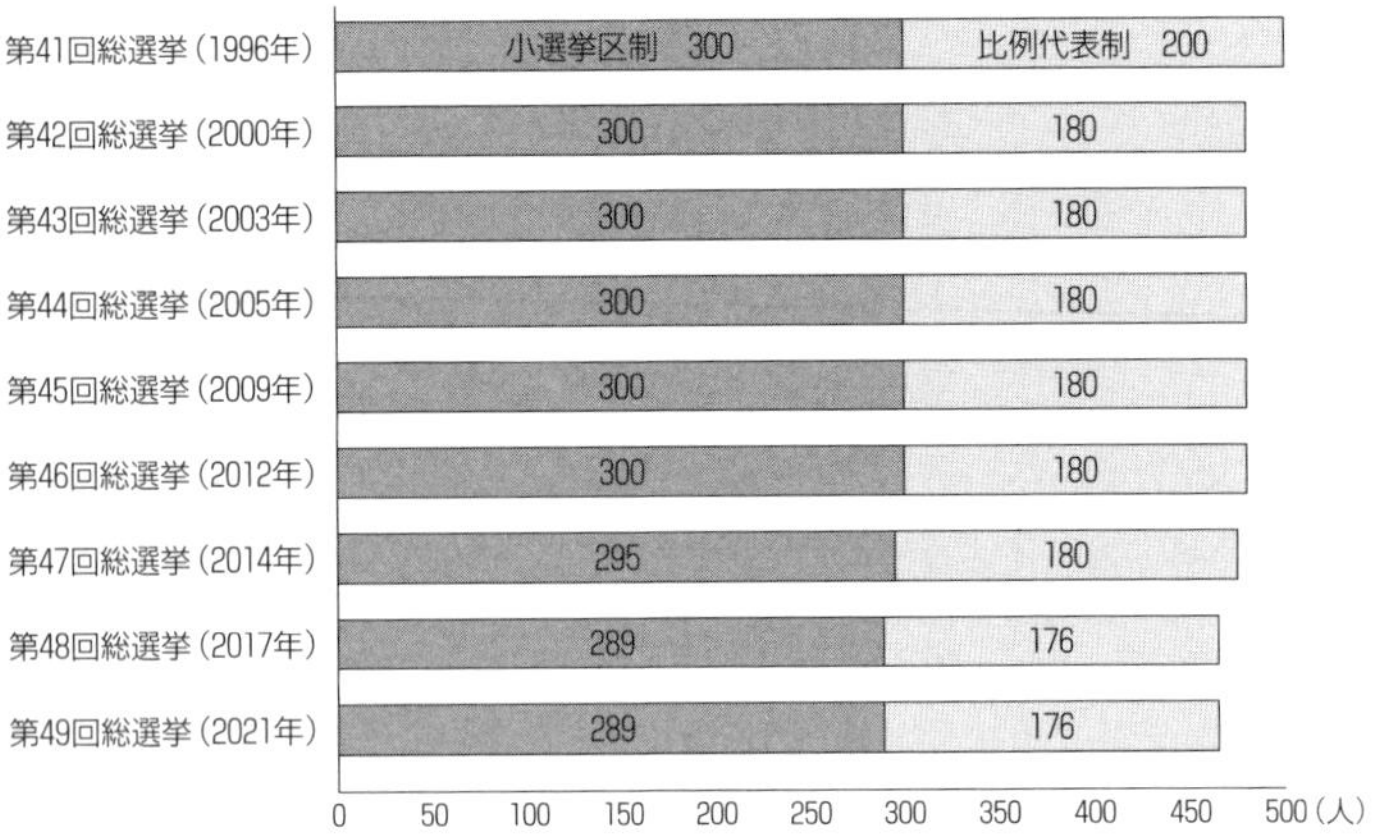

出所：筆者作成

るという理念を重視したものである。

小選挙区比例代表並立制は、小選挙区制と比例代表制を「並立」する選挙制度である。そのため、有権者は小選挙区制に一票、比例代表制に一票の合計二票を投票する。ここで注目したいのは、「並立」と言いながら、小選挙区制と比例代表制で選出される議員の数が等しくないことである。前述のように、現在では小選挙区制から二八九人、比例代表制から一七六人の衆議院議員を選出することになっている。比例代表制で選ばれる議員よりも小選挙区制で選ばれる議員の方が一〇〇人以上も多くなっているのである。

この選挙制度は、一九九六年の第四一回総選挙から使用されているが、現在までに、議員の合計数である定数や小選挙区制と比例代表制の内訳が何度か変更されている。しかし、比例代表制よりも小選挙区制から選ばれる議員の方が多いという特徴はずっと維持されている。

図1が示すように、衆議院議員の定数は減少傾向にある（五〇〇→四六五）。こうしたなかでも、小選挙区制優位の特徴が一貫して維持されている。先ほどの理念から言えば、一九九六年以降、衆議院は多数派の意見を重視するという多数決の理念を重視した議会になっているのである。

4　選挙制度で「変えられた」政党システム

なぜ、衆議院は多数決の理念を重視した議会になっているのだろうか。ここで、**デュヴェルジェの法則**（Duverger's law）という政治学の有名な理論を紹介したい。デュヴェルジェの法則とは、フランスの政治学者モーリス・デュヴェルジェが発表したものであり、選挙制度と政党システムの関係を説明したものである。政党システムとは、複数の政党の配置や相互関係を意味する言葉である。その内容は、「比例代表制には多党制をもたらす傾向があり、多数代表制には二大政党制をもたらす傾向がある」というものである。ここで言う多数代表制とは、小選挙区制を意味していると言ってよい。**二大政党制**とは、イギリスやアメリカのように大きな二つの政党が競争し、過半数の議席を獲得した政党が単独政権を構成する政党システムである。**多党制**とは、ヨーロッパ大陸諸国のように複数の政党が競争するが、どの政党も単独政権を構成できずに連立政権を構成する政党システムである。

実際には、多党制や二大政党制などの政党システムに影響するのは、選挙制度だけではない。しかし、二大政党制の代表的な国であるアメリカやイギリスは、小選挙区制を採用しているし、ドイツや北欧諸国など多党制の国は、基本的に比例代表制を採用している。そして、小選挙区制優位の特徴をもつ日本の小選挙区比例代表並立制は、このデュヴェルジェの法則を強く意識したものになっている。

前述のように、小選挙区比例代表並立制が初めて施行されたのは一九九六年である。これ以前には、中選挙区制という日本以外ではあまり用いられたことのない珍しい制度が使用されていた。中選挙区制とは一つの選挙区から複数人（多くの場合は三人から五人）を選出するものである。この選挙制度による選挙で政権を獲得しようとする政党、つまり過半数を獲得しようとする政党は、それぞれの選挙区でも過半数を獲得するために、三人当選する選挙区では三人、五人当選する選挙区では五人の候補者を擁立することが多かった。そのため、多くの選挙区で、同一政党の候補者が複数人並び立つということになっていた。この場合、同一政党の候補者間では政策の違いを出しにくいため、政策論争よりも地元にどれだけ公共事業などの利益を分配できるかを競争する構図になっていた。そして、この競争は金権政治へと堕落することも多くあった。

この中選挙区制のもとで長期間にわたって与党であり続けたのが自由民主党（自民党）である。自民党は一九五五年の結党から一九九三年までの約三八年間、ずっと与党であり、政権交代は起こらなかった。しかし、一九八〇年代後半から政治とカネの問題が頻発し、さらには冷戦構造の崩壊という国際政治の変化を受けて、自民党がずっと与党という政党システムを変えることが必要だという声が大きくなった。そして、今後、めざすべき政党システムとして、二大政党制と多党制のどちらが望ましいのか、という議論になった。

腐敗の原因とされた中選挙区制はもうやめるべきだという意見には多くの賛同が得られたが、今後、めざすべき政党システムについては意見が一致せず、したがって政党システムに影響する選挙制度についての議論は難航した。数年に及ぶ紆余曲折の末に導入されたのが、小選挙区比例代表並立制である。この選挙制度が初めて使われた一九九六年の時点では、小選挙区制で三〇〇人、比例代表制で二〇〇人を選ぶというものであった。すべてを小選挙区制で選んではいないという点で、妥協的、折衷的な性格をもつものであったが、小選挙区制優位な点は当時から変わっていない。つまり、小選挙区制優位な小選挙区比例代表並立制とは、デュヴェルジェの法則に基づけば、二大政党制をもたらす傾向の強い選挙制度である。そして、前述のように小選挙区制とは多数派の意見を重視する多数決の理念に基づく制度である。一九九〇年代の議論では、自民党がずっと与党という政党システムを二大政党制へと変えるために、多数決の理念が色濃く反映された選挙制度が導入されたのである。

ただし、導入後すぐに二大政党制が実現したわけではない。二大政党制らしい変化がはっきりと現れたのは、二〇〇九年の第四五回総選挙である。この選挙で、民主党が自民党に勝利し、民主党が与党になるという政権交代が実現した。この時までに、小選挙区比例代表並立制導入から約一三年という時間が経過していた。しかし、民主党政権は長くは続かず、三年後の第四六回総選挙で、民主党は自民党に敗北し、自民党による政権再交代が行われた。自民党と民主党という二大政党間での政権交代という点では、目標である二大政党制に近づきつつあると言えるだろう。しかし、それ以降の第四七回（二〇一四年）、第四八回（二〇一七年）、第四九回総選挙（二〇二一年）では自民党が続けて勝利しているため、二大政党制が今後、日本に定着するかどうかを判断するのは難しい。しかし、重要なのは、民主党による政権交代、さらには、自民党による政権再交代という変化が、小選挙区比例代表並立制で行われた選挙によって引き起こされたことである。こうした変化はこの選挙制度が導入される以前の日本政治では起こらなかった。そして、この選挙制度には、多数派重視の理念が色濃く反映されているのである。

5　コロナ禍と選挙

二〇一九年末から全世界的に拡大したコロナ禍は政治参加にも変化をもたらした。デモや集会のように多数を集めて人々にアピールするような政治参加は感染拡大防止の観点から難しくなった。そしてコロナ禍は選挙にも影響を与えている。二〇二一年現在、日本では新型コロナウイルスに感染した場合、原則として一〇日間の入院又は宿泊療養をすることになっている。この期間中は外出できないため、投票日がこの期間中に設定されていれば、療養者は投票に行くことができなくなってしまう。これを避けるために二〇二一年五月一五日、郵便投票特例法が制定され、療養者は特例として郵便投票ができるようになった。

この特例郵便投票を行うためには以下の手続きが必要になる。まず療養者は、投票日の四日前までに、地域の選挙管理委員会（選管）に投票用紙と封筒の請求書および保健所等から交付された外出自粛要請等の書面を郵送しなければならない。その後、選管から投票用紙と封筒が送られてくる。そして、療養者は候補者等を記載した投票用紙を封筒に入れ、選管に郵送することになっている。このように投票までに三回の郵送が必要になる。なお、投票用封筒は三重になっており、さらにそれを透明のケースに入れ、表面をアルコール消毒液等で拭くように求められている（総務省・厚労省「特定患者等の特例郵便等投票及び濃厚接触者の投票について（通知）」）。

特例郵便投票制度ができて以降、最初に行われた選挙は、二〇二一年七月四日の東京都議会議員選挙だった。報道によると、期間中の療養者は二〇八八人であり、この制度で投票したのは一一〇人だった。低調だった理由として、制度の周知期間の短さや手続きの煩雑さなど挙げられている（『東京新聞』二〇二一年七月一〇日）。

現在、新型コロナウイルス感染症の感染拡大防止のために人流を減らすことやリモートワークの推進などが社会的に要請されている。また、これ以前から長時間労働の是正や効率的な働き方の追求、さらには電子政府（e-Gov）などが推進されてきた。しかしながら、給付金の支給や感染者の集計、ワクチン接種などで、行政のデジタル化の遅れが明らかになりつつある。

こうした中、選挙についても非効率な実態が問題となっている。特例郵便投票制度のみならず、通常の投票でも、まず有権者に整理券が郵送され、有権者は「密」になる可能性のある投票所に行き、紙の投票用紙に鉛筆で候補者名等を記入して投票する。投票終了後は開票会場に大人数が集まって開票作業を行う。開票作業には一部で機械も使われているが、依然として人の目や手に頼る面が大きい。このような選挙の実態は非効率であり、長時間労働になりやすく、また、感染予防の面から見ても改善すべき点は多くあるように思われる。

今すぐにスマホからの投票を可能にすることは難しいとしても、これまで検討や試行を重ねてきた新しい取り組み——整理券に代わりマイナンバーカードを利用する、投票所で電子機器から投票するなど——を少しずつでも実施していけば、投票も開票作業もより短時間かつ正確になり、感染予防にもつながるだろう。さらには選挙に携わる人々の負担軽減にもつながるはずである。もちろんセキュリティの確保や機器を整備するコスト、機器に慣れない人への配慮なども考慮しなくてはならないが、だからといって従来のままでよいことにはならないだろう。実際に、これまでの選挙では毎回のように開票ミスなどが発生しており、二〇一三年の参院選では高松市の選管が誤って集計した投票総数に合わせるために三二九票もの白票を水増しするという事件も発覚した。

民主主義である以上、選挙は重要である。しかし、それは、選挙のやり方が旧態依然のままでよいということではない。よく注目される投票率だけでなく、選挙制度の理念や投票方法、開票作業など議論すべき点は多くある。こうした意味で、今回のコロナ禍は、広く「選挙」について考え直すチャンスであるとも言えるだろう。

✎考えてみよう

投票率の高い国々では、どのような選挙制度のもとで、どのような投票方法や開票作業が行われているのだろうか。また、選挙について日本でも採用できそうなやり方がないか、考えてみよう。

第11章

政策はどのようにして決まるのか

■消費税から見える日本の政治

学ぶポイント
- 消費税は、どのように導入され、税率が引き上げられてきたのか
- 社会保障制度の仕組みや国の財政の状況はどうなっているのか
- なぜ、政治家たちは有権者から嫌われるような増税を訴えるのか

1　消費税はなくならないのか

ちょっと大きな買い物をすると、**消費税**も結構な金額となる。第1章「なぜ、税金を払うのか」で税金をめぐる問題について考えたけれど、実際に消費税の税額が印字されたレシートなどを見ていると、やっぱり消費税なんてなくなれば、生活がもっと楽になるのにと思ってしまう人は少なくないだろう。一方で、こう言うと、消費税をなくすなんて政治家や財務省の人たちが賛成するわけ

ないから無理だよ、との反論（あきらめ？）も聞こえてきそうだ。

だが、よく考えてみれば、選挙で選ばれない公務員ならばともかく、そもそもなぜ政治家たちは、選挙で嫌われるような消費税の導入や税率の引き上げを訴えてきたのだろうか。

消費税の必要性について、新聞やテレビ、インターネットなどを見ると、年金や子育て支援など公的な**社会保障**を支えるためという理由をよく目にする。消費税の税率をそれまでの五％から段階的に一〇％にまで引き上げることを決めた二〇一二年の「**社会保障と税の一体改革**」でも、消費税を引き上げた分は、改革の名称が示すように全額を社会保障に使うと説明された。

しかし、とは言うものの、選挙で票を集めることを一番に考えるはずの政治家たちにとって、やはり有権者が嫌う不人気な政策は、本来は避けたいはずだ。どうして政治家たちは、選挙で不利になるかもしれないのに、消費税による増税を主張してきたのだろうか。

まずは、消費税の導入や税率引き上げの理由としてよく挙げられる社会保障制度の仕組みや政府の財政の状況から、第1章での説明も振り返りつつ確認していこう。

2　日本の社会保障や財政はどうなっているのか

社会保障制度の仕組みと役割

日本の社会保障制度は、考え方や仕組みの違いによって社会保険、社会福祉、公的扶助などに分かれている。
一つ目の**社会保険**には、病気やけがに備える公的な医療保険や、高齢になったり障害を負ったりしたときなどにお金を受け取る年金保険、さらに介護保険、雇用保険、労災保険がある。社会保険は、あらかじめ制度に加入し、保険料を納めておかなければ、原則として給付を受けることができない。
これに対して二つ目の**社会福祉**は、税を財源にして、障害者、母子家庭への支援や、保育等の子育て支援などを行う。保険料ではなく税による給付であるため、社会保険のように事前に加入して保険料を拠出する必要はない。
三つ目の**公的扶助**にあたるのは生活保護制度で、生活扶助や住宅扶助、医療扶助などがある。財源は、社会福祉と同様に税である。しかし、社会福祉が所得にかかわらず必要があれば給付の対象となるのに対し、生活保護制度の場合は、支給にあたって所得や資産がないか調査が行われる。
このほか、社会保障制度には児童手当など社会手当の制度がある。また、公衆衛生も社会保障の一分野とされることがあり、保健所などによる保健指導や感染症対策などがそれにあたる。
さて、これらの社会保障制度は、人々の生活の安定を図る機能のほか、働いている人や高所得者層から、働けなくなった人や低所得者層に所得を移転する**再分配**の機能も果たしている。また、失業者や年金の受給者などに現金を支給することで消費活動を下支えし、景気変動を緩和する経済安定機能も、社会保障の機能に挙げられることがある。ただ、日本はこれまで他の先進国に比べて、社会保障への支出規模が比較的小さかった。政府が本来行うべき社会保障の多くは、企業や家庭が長い間肩代わりしてきたと指摘されている。

戦後の日本では、経済成長を背景に、終身雇用を前提とする企業の長期雇用慣行や、地方での公共事業などが、失業率を抑制し生活を保障してきた。特に企業などに勤める世帯主の男性は、定年まで安定的に雇用され、男性本人分だけでなく家族全員分の生活費をまかなえる賃金を受け取ってきた。この家族賃金によって、多くの女性は家庭内にとどまり、高齢者の介護や幼児の保育などを担った。このため失業や介護、保育などの問題は、それほど大きな政策課題とは意識されず、企業の雇用でカバーできない医療費と退職後の生活費のみが、戦後の社会保障政策の主要な課題となった（宮本・二〇〇八、厚生労働省編・二〇一二など）。

こうして、日本の社会保障の主軸は、これまで医療保険と退職後の生活を支える年金におかれてきた。しかし、社会の変化により企業や家庭内の女性による肩代わりが崩れれば、当然ながら介護や保育などの問題は顕在化し、対応は社会保障に求められる。二〇〇〇年には、加齢に伴い介護が必要になったときのための介護保険制度が、新たな社会保険としてスタートした。保育所の利用は、一九九八年から利用者が施設を選択する方式に変わり、二〇一五年には保育所と幼稚園、認定こども園を通じた共通の給付や、小規模保育への給付などを柱とする新しい制度に移行した。

現在も社会保障のあり方は、たびたび選挙の争点に浮上するなど、人々の関心を集める。その背景には、少子高齢化などによる財政面の懸念もあるが、それだけではなく、長期雇用慣行の変化や

男女共同参画の推進といった日本の社会構造そのものの変化もある。

国の財政状況と消費税

日本の社会保障制度は、これまで医療保険や年金など社会保険を中心に発展してきた。社会の変化に合わせて新たに登場した介護保険も、社会保険の仕組みを採用している。ただし、制度に加入して保険料を拠出する社会保険であっても、多くの場合、加入者が納める保険料だけでなく、税金が投入されている。

例えば国民健康保険や介護保険は、給付費の半分が国と自治体による公費負担とされている。年金も、二〇〇九年度より基礎年金給付費の半分は国庫負担となっている。

このため、現在、社会保険による給付は社会保障全体の九割近くを占めるのに対し、保険料による負担は全体の約六割にとどまっている。高齢化などで給付が増大する一方で、社会保険料収入はほぼ横ばいで推移してきたため、給付費と社会保険料収入の差額は広がり、税金による負担は拡大している。

国の**一般会計**は、当初予算で一九九〇年度の六六・二兆円から二〇二一年度には一〇六・六兆円にまで膨らんでいるが、第1章でも見たように、歳出の伸びのほとんどは、国債の返済や利払いと社会保障関係費の増加にあてられている。公共事業をはじめ多くの予算が抑制されるなか、社会保障関係費は一九九〇年度の一一・六兆円から二〇二一年度予算では約三五・八兆円となり、全体の

図１　国の予算（2021年度一般会計）

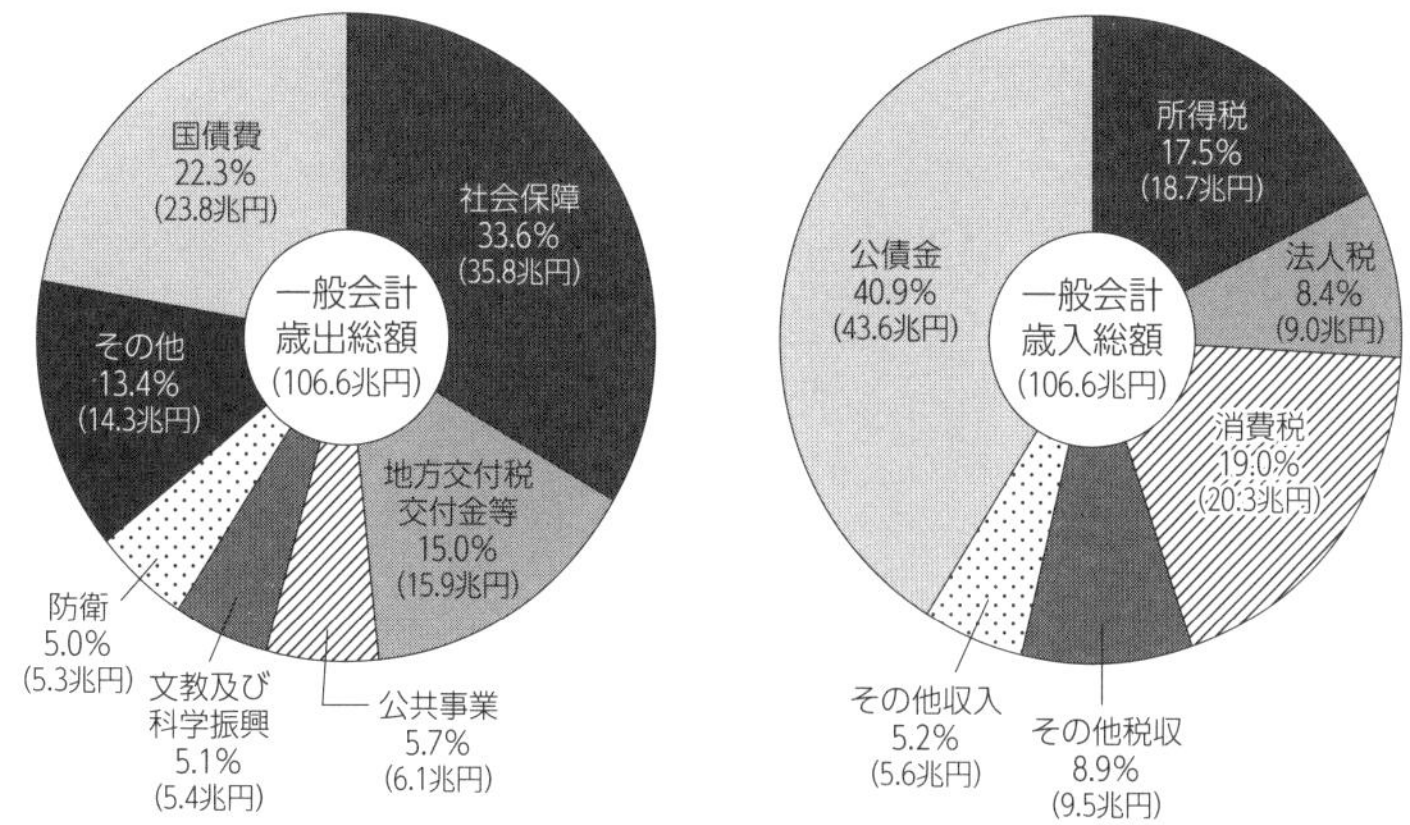

出所：財務省資料

三三・六％に達した。国債費や地方に配分される地方交付税交付金などを除いた**一般歳出**で見ると、社会保障関係費の割合はさらに増え、二〇二一年度は、一般歳出六六・九兆円のうち五三・六％に上った。国の本来の政策に使える経費の半分以上が社会保障にあてられている計算となる。

今後も高齢化や先に見たような日本社会の変化に伴い、社会保障関係への大幅な支出は続く。そして税収が不足すれば、支出増は**赤字国債**などでまかなわれることになる。厳しい国の財政状況を考えたとき、比較的景気に左右されにくいとされる消費税に関心が集まるのは自然なことだろう。

例えば、かつてリーマンショックと呼ばれた世界的な金融危機などの影響で、法人税による税収は、二〇〇七年度の一四・七兆円から〇九年度には六・四兆円に急落した。所得税も一六・一兆円から一二・九兆円に下がった。しかし、このとき税率五％だった消費税の税収は、一〇・三兆円から九・八兆円とわずかな減少にとどまっている。消費税をめぐっては、所得税や年金の保険料などが、主に働く世代に負担を求めるのに対し、消費税は高齢者を含む消費者全体に負担を求めるため、特定の世代に負担が集中しないとする評価もある。

もちろん、消費税による税収は、二〇二一年度一般会計予算で約二〇・三兆円であり、そもそもすでに三五兆円を越えている社会保障関係費のすべてをまかなえるわけではない。それでも消費税がよく社会保障と絡めて議論される背後には、こうした景気の動向に左右されにくく、また働く世代にのみ負担を求めないという消費税の特徴がある。

3 消費税は政治にどのような影響を与えたのか

有権者の反発を招く消費税

消費税は、特定の物品に課される酒税やたばこ税などとは異なり、原則的にすべての財やサービス取引に課される。現在の消費税は、自由民主党の**大平正芳**内閣による一九七九年の一般消費税の提案や、同じく自民党の**中曽根康弘**内閣による売上税の提案を経て、八八年に同党の**竹下登**内閣により税率三％で導入が決まった。

導入後は、税率五％への引き上げが、一九九四年に日本社会党や自民党などの連立政権だった**村**

山富市内閣によって決まり、九七年四月に後継の橋本龍太郎内閣により引き上げが実施された。二〇一二年には、民主党の菅直人首相や野田佳彦首相が進めた「社会保障と税の一体改革」により、税率が段階的に一〇％にまで引き上げられることが決まった。

国の財政状況が厳しいならば、税収が安定する消費税を導入し、税率を引き上げるのは、それなりに理にかなった選択肢だと言えるだろう。しかし、政策として合理的であっても、有権者の反発を招く消費税は、政治家たちにとっては必ずしも合理的な選択肢とは言えなかった。

一九七九年一月に一般消費税の導入準備を閣議決定した大平首相は、その後、一般消費税への反対論が野党だけでなく自民党内や経済界などの間にも広がったため、同年一〇月の衆議院総選挙の投票を前に新税導入の方針を撤回した。それでも、一般消費税への反発が響き、当初この選挙で勢力回復が予想されていた自民党は、過半数を確保することができなかった。

一九八七年二月に売上税の法案を提出した中曽根内閣も、以前に首相自身が大型間接税は導入しないと言明していたことなどもあって、やはり法案提出後の参議院補欠選挙や地方選挙で苦戦を強いられた。選挙で勢いに乗る野党の抵抗で、国会では新年度予算が成立せず、暫定予算に依存する状況が五〇日間に及んだ。

消費税がスタートした一九八九年には、消費税への反発に加え、政治家への株譲渡が批判されたいわゆるリクルート問題の影響などもあり、自民党は、参議院選挙で改選定数一二六議席に対しわずか三六議席の当選にとどまった。非改選議席をあわせても過半数を割る大敗で、参議院で与野党の議席数が逆転するいわゆる「ねじれ国会」となった。

税率の引き上げをめぐっても、有権者の反発は根強かった。村山内閣が一九九四年に税率五％への引き上げを決めた後、首相が所属する社会党は翌年七月に行われた参議院選挙で、八九年に反消費税で獲得した四六議席はおろか、前回選挙の二二議席をも下回る一六議席にまで落ち込んだ。自民党も、一九九七年に橋本内閣が実際に税率を引き上げると、翌年の参議院選挙で議席を減らし、非改選議席とあわせた過半数の確保に失敗した。消費税のほか、医療費の自己負担の引き上げや、首相自身の恒久減税についての発言が選挙期間中にぶれた点なども批判され、橋本内閣は選挙後に退陣した。

二〇一〇年六月に菅直人首相が税率引き上げを提案した民主党は、直後の参議院選挙で自民党が獲得した五一議席を下回る四四議席にとどまり、非改選議席を加えても与党が参議院の過半数を割る「ねじれ国会」となった。民主党は、自民党から政権交代した前年の衆議院総選挙では消費税の引き上げを主張しておらず、政権公約違反との批判をその後も浴び続けた。

唯一、自民党の安倍晋三首相は、二〇一四年四月に税率八％への引き上げを実施したにもかかわらず、巧みな選挙戦術で同年末の衆議院総選挙を乗り切ることができた。安倍内閣の場合は、税率を八％に引き上げた後、同年一一月に財務省などを押し切って、次に予定されていた税率一〇％への引き上げ延期を突然表明した。この延期の是非を争点として打ち出して衆議院を解散することで、野党の不意をつき、批判をかわして与党の議席維持に成功した。

政権を分裂させる消費税

有権者の反発を招く消費税の導入や税率引き上げは、安倍内閣のような例外もあるものの、多くの場合、選挙に悪い影響をもたらしてきた。影響を免れた安倍内閣にしても、選挙で注目されたのは、消費税の引き上げより、次の引き上げ予定の延期だった。そして消費税は、選挙への影響のみならず、与党を分裂させたり、政権を失わせたりすることさえあった。

一九七九年に大平首相が一般消費税を提案し、衆議院総選挙で過半数の確保に失敗した自民党は、総選挙後、国会の首相指名投票で大平首相と**福田赳夫**前首相の二人が候補として争うなど、党内が激しく対立し大きく混乱した。

一九九三年に発足した非自民連立政権の**細川護熙**内閣は、翌年二月、当時税率三％だった消費税を廃止して新たに税率七％の国民福祉税を導入する構想を発表した。しかし、細川首相による唐突な発表に、世論だけでなく、連立与党の社会党や首相を支えるはずの内閣官房長官からも批判があがり、構想は発表からわずか一日半後に白紙撤回された。この国民福祉税をめぐる混乱をきっかけに、与党間の対立が表面化して政権は不安定化し、細川首相の求心力は低下してしまったとされる（薬師寺・二〇一四、清水・二〇一五など）。四月に細川内閣が退陣すると、連立与党内での対立は決定的となり、社会党などは政権を離脱した。少数与党となった後任の**羽田孜**内閣は、わずか二カ月で退陣し、非自民連立政権は一年足らずで政権を失った。

二〇一〇年に税率引き上げを提起した民主党の菅直人首相は、参議院選挙で議席を減らし「ねじ

表１　消費税と財政をめぐる政治の動き

1965年12月	【佐藤栄作内閣】	税収不足を国債で補う補正予算が国会で成立。翌年１月には国債を発行するための特例法も成立。
1973年４月	【田中角栄内閣】	年金の拡大など「福祉元年」と呼ばれた予算が成立。翌年度には所得税の大幅減税も実施。
1975年11月	【三木武夫内閣】	赤字国債で税収不足を補う補正予算が成立。翌12月には赤字国債を発行するための特例法が成立。
1978年４月	【福田赳夫内閣】	前年度の補正予算に続き、当初予算でも公債依存度が30%を突破。
1979年１月	【大平正芳内閣】	「一般消費税」を1980年度より導入することを閣議決定。衆議院総選挙中の９月に導入断念を表明。
1987年２月	【中曽根康弘内閣】	「売上税」法案を国会に提出。同年５月に廃案。
1988年12月	【竹 下 登 内 閣】	「消費税」を導入する消費税法が成立。翌年４月より税率３%でスタート。
1994年２月	【細川護熙内閣】	税率７%の「国民福祉税」を導入する構想を発表。翌日に撤回。
1994年11月	【村山富市内閣】	消費税の税率を３%から５%（うち１%は地方消費税）に引き上げる改正法が成立。
1997年４月	【橋本龍太郎内閣】	消費税の税率５%への引き上げを実施。11月には財政赤字の削減を定めた財政構造改革法も成立。
1998年12月	【小渕恵三内閣】	財政構造改革法を停止。翌年度当初予算では赤字国債が前年度の7.1兆円から一気に21.7兆円に。
2001年６月	【小泉純一郎内閣】	国債発行を30兆円以下に抑える方針を決定。以降、公共事業などの予算を削減。
2009年３月	【麻生太郎内閣】	消費税を含む税制改革の法制化を附則に盛り込んだ税制改正法が成立。
2010年６月	【菅 直 人 内 閣】	菅首相が記者会見で消費税の引き上げに言及。
2012年８月	【野田佳彦内閣】	消費税の税率を段階的に10%に引き上げる税制抜本改革法が成立。
2014年４月	【安倍晋三内閣】	消費税の税率８%への引き上げを実施。その後、同年11月と2016年６月に税率10%への引き上げ延期を表明。
2019年10月	【安倍晋三内閣】	消費税の税率10%への引き上げを実施。

れ国会」を招いた後、野党の内閣不信任決議案に同調しかねない党内の一部の動きなどを受け、次第に退陣へと追い詰められていった。後継の野田内閣は、二〇一二年に消費税を引き上げる法案を国会に提出したが、衆議院本会議での採決で民主党議員五七名が造反して反対し、一六名が棄権または欠席した。さらに、同党の衆議院と参議院の国会議員約五〇名が離党して、党そのものも分裂してしまった。政権の弱体化は決定的となり、民主党もその後、同年一二月の衆議院総選挙で政権を失った。

4　なぜ、政治家たちは問題を先送りしなかったのか

財政や税制に対する責任感

消費税の導入や税率の引き上げは、合理的な選択肢ではあるが、選挙で有権者の反発を招くことが多く、与党内の混乱や分裂につながるなど政治的な犠牲が伴ってきた。にもかかわらず、なぜ政治家たちは問題を先送りにしようとしなかったのだろうか。なぜ消費税の導入を主張し、税率を引き上げようとしたのだろうか。

例えば、一九七九年に一般消費税を打ち出した自民党の大平首相の場合は、七五年に三木武夫内閣が二兆円台の赤字国債の発行を決めた際の大蔵大臣であったことが大きかったと指摘されている。

そもそも、戦後の日本の財政は所得税など直接税が中心で、一九六〇年代前半までは高度経済成

長に伴う自然増収などにより、国債の発行に頼らず均衡財政が維持されてきた。ところが、一九六五年度に景気低迷による予想外の歳入不足が生じると、政府は国債の発行に踏み切り、翌年度以降は建設国債が発行されるようになった。一九七五年度にも歳入不足に陥り、赤字国債が発行された。この一九七五年当時の大蔵大臣が大平首相だった。

その後、赤字国債も毎年発行されるようになり、大平首相が一般消費税の導入を主張した一九七九年度には、発行額は六兆円台に達していた。建設国債を含めた国債依存度は、五年前の約一一%から約三五%にまで高まっていた。

財政赤字による債務残高の累積は、先に見たように国債の償還などにあてる国債費を増大させ、将来にわたって政策経費を圧迫する。このことは、生活に不可欠な公的サービスの水準の低下につながる。一九七三年の石油危機の後、日本経済の高度成長は終わっていた。税収の自然増が期待できないなか、もともとは均衡財政が維持されていたことを考えると、大平首相が、かつて自らが関わった赤字国債の発行に責任を感じ、歳入不足を安易に借金で補う財政のあり方に危機感を強め、一般消費税の提案に向かったのは無理もなかったのだろう。

一方、中曽根首相や竹下首相の場合は、財政赤字よりも、直接税と間接税のバランスを見直して所得税の負担を軽減する狙いがあったとされる。当時、所得税については、不公平感や重税感が指摘されていた。また、パソコンなどこれまで無かった新しい商品やサービスが次々と増えていく状況に対し、個別の物品にそれぞれ税金をかけるそれまでの物品税よりも、一律に商品やサービスに課税する消費税のほうが、不公平がなく対応できるという事情も背景にあった。

一九九四年に税率五％への引き上げを決定した村山首相の場合は、背景にバブル経済崩壊以降の経済状況があった。同年に行われた所得税の減税は、減税分の財源を確保しなければ、継続できないとされていた。もともとは消費税に反対していたはずの社会党の村山首相だったが、経済対策として所得税の減税を継続するため、消費税の税率引き上げ決定に踏み切った。

国際社会からの視線

二〇一〇年に消費税の税率引き上げを提起した民主党の菅直人首相の場合は、当時同党が抱えていた沖縄の米軍基地移設問題から、財政問題に有権者の関心をそらす狙いがあったとも指摘されている。ただ、もちろんそれだけが理由ではなく、同時に、国際社会からの影響が大きかった。

菅直人首相は、首相に就任する前、前任の**鳩山由紀夫**内閣で二〇一〇年一月より財務大臣を務めていた。当初は、改革の徹底を主張し、消費税の税率引き上げには否定的と見られていた。ところが同年二月にカナダで開かれた**七カ国財務大臣・中央銀行総裁会議**（G7）に出席し、ギリシャの財政危機をめぐる各国の議論に触れたことで、姿勢が変わったという。

当時ギリシャでは、前年一〇月に政権が交代した結果、前政権が財政赤字を過小評価していたことが明らかになっていた。ギリシャ国債は格付けが引き下げられ、金融市場の混乱が広がっていた。

現代の政治は、外交や安全保障だけでなく、財政状況や経済政策などこれまで主に国内政治の問題と考えられていた分野も、多くが国際政治や国際経済に影響を受け、また影響を与える。財務大臣だった菅氏はこのとき、一つの国の財政が欧州全体ひいては世界全体を揺るがしかねないリスクの怖さを垣間見るとともに、国債残高の対国内総生産の比率がギリシャ以上に悪い日本にとって他人事ではないと感じたと伝えられている（伊藤・二〇一三、清水・二〇一五など）。

その後、首相となった菅氏が出席した二〇一〇年六月のカナダ・トロントでの**金融・世界経済に関する首脳会合**（**G20サミット**）では、財政赤字の削減が先進各国共通の目標となった。後任の野田首相が翌年一一月に出席したフランス・カンヌでのG20サミットでも、欧州の債務問題が議題となった。国際社会からの視線を無視できない日本は、各国の前で財政健全化の決意を示さざるをえず、このサミットの場で消費税引き上げの法案提出について説明した。

5　消費税から考える日本の政治

民主主義とリーダーシップの関係

選挙で代表を選ぶ**代表制**は、直接民主主義が実際には実現困難であるため、その代わりの仕組みと説明されることが多い。他方で、一般の人々による直接民主主義よりも、専門的な知見をもつ政治リーダーを代表として選ぶ方が、結果として合理的な判断が期待できるとする説明もある（早川・二〇一四など）。

これまで政権与党の政治家たちは、日常生活を送る一般の有権者がなかなか知ることができない財政や税制の構造的な問題や、国際経済の状況を理解し、選挙などで有権者の反発を受けても、繰り返し消費税の導入や税率引き上げの必要性を訴え続けてきた。実はこのことは、政治リーダーによる専門的な判断が期待できる代表制の民主主義を、日本の政治がそれなりに機能させてきたことを意味していると言えないだろうか。

そして興味深いことに、有権者たちもまた、消費税の導入や税率引き上げに対して一度は選挙などで反発を示しつつも、制度や税率が定着すると、今度は消費税に反対し続ける主張に対してそれほどの支持を与えてこなかった。それは、感情的に反発する一方で、すぐにあきらめたり忘れたりする大衆の無責任さの現れなのか。それとも当初は批判しつつも、やがて政治家たちが訴える政策の合理性を理解し、必要性を追認していった結果なのか。もし後者ならば、この点もまた、民主主義と政治的リーダーシップを組み合わせる代表制が機能した結果と言えるかもしれない。

代表制がもつ有効性を活かすには、民主主義におけるリーダーシップの問題、つまり政治家たちが有権者の意向に敏感でありながら、他方で有権者に対して必要以上に迎合せず合理的な政策を訴えることができるか。そして有権者が、そのような政治家たちを適切に選ぶことができるかがポイントの一つとなる。近年よく指摘される**ポピュリズム**の問題も、このあたりの議論と関係してくるだろう。

消費税に限らず、私たちの目の前に日々現れる様々な政策は、専門性をもった政治家たちの誠実なリーダーシップの成果なのか。それとも世論への迎合や一部の利権追求の結果なのか。代表制にふさわしい政治家を生み出すために、有権者にはどのような資質が求められるのか。政治家や省庁、利益集団などが動く現実の政治過程を観察し、そして実際に有権者として選挙で投票するなかで、私たちは考えていかなければならない。

消費税で私たちの生活は良くなったのか

ここまで、社会保障などの制度や消費税をめぐる政治過程について確認し、考えてきた。ところで、消費税によって私たちの生活ははたして良くなったのだろうか。最後にこの問題についても、少し検討してみよう。

そもそも考えてみればあたり前だが、消費税に限らず国の税収は、基本的にはすべて私たちの生活のために使われている。もし漠然と、消費税は自分たちではない「何者か」に取られているという感覚があるならば、それはやや素朴過ぎる感覚だろう。特に社会保障では、税金や社会保険料は国民への給付の裏づけであり、負担の側面だけを強調するのはあまり正確な議論とは言えない。

もちろん税金の使い方がおかしいと感じることは、政治への関心の第一歩ではある。しかし、関心はやはり正しい事実認識に裏づけられなければならない。消費税や社会保障の問題に限らず、様々な制度や政策を具体的に理解し、それらをめぐる政治過程を学ぶ理由はここにある。

さらに、こうして政治に関心をもち、政治学を学んでいくうちに、例えば、消費税によって私たちの生活は良くなったのかと問う姿勢そのものも、疑問に思えてくるかもしれない（第1章参照）。私たちの税金や社会保険料が、私たちの生活のためにどのように使われているのか、そこに無駄はないのか、政府の説明責任を常に要求する姿勢は確かに大切ではある。しかし、その姿勢が代表制の考え方を通り越して、単に政治を市場経済で企業から一方的に提供される商品やサービスに類似するものと考え、消費者と同様の態度で、自らに見返りがない負担はしたくないという感覚にのみ由来するとしたら、はたして問題はないのだろうか（森・二〇〇八、森・二〇一六など）。

こうした政治のあり方についての問いやそれに対する解答も、政治学を学んでいくうちに見えてくるだろう。

✎考えてみよう

消費税や社会保障について各政党はどのような政策を掲げているか、また財務省や厚生労働省などはどう考えているかを調べて、あなた自身の考えをまとめてみよう。

信頼を生む「政治と科学の関係」を求めて

尾内隆之（流通経済大学）

新型コロナウイルス感染症対策では、専門家による科学的助言が当然重要となるが、政治と科学との関係は単純ではない。政治的判断は、決して科学的判断と同じではないからだ。仮に科学的に最善の対策があったとしても、政府は、実施コストや人権の保護など他にも多くの要素を考慮する必要がある。しかも今回の感染症は未知の相手であり、専門家にさえ当初はわからないことばかりだったから、ウイルスの特性や治療法を解明しつつ対策の最適解を探るという困難に、各国とも苦心してきた。

対策の決め方の「モデル」を描くなら、関連分野の専門家が英知を結集して複数の選択肢を提言した上で、政府がそこから選択、決定し、説明責任を負うという形になる。もちろん容易な作業ではない。国内外から集まる最新情報をもとに科学的知見を更新しつつ、科学以外の要素や社会状況と絶えずすり合わせなければならない。それゆえ政府（政治家・官僚）と専門家の関係のあり方が鍵を握ることになり、日本はその点で多くの課題を露呈した。

安倍政権が専門家に諮らずに決めた全国一斉休校は、科学軽視の端的な例であった。政治家はそもそも科学の扱い方を理解しておらず、政治的利害を優先し、また常に、自らに都合の良い助言を専門家に望む傾向がある。厚生労働省も（特に初期において）情報の集約に手間取り、ＩＣＴの活用もうまくいかず、ＰＣＲ検査の拡充にも後向きの姿勢をとるなど、役割を果たしたとは言い難い。

そうした状況を見かねた「専門家会議」等の専門家が、政府を飛び越えて市民に直接、「自粛」などの行動変容を呼びかけたことは、やむを得ない面はあるものの、助言者の役割を逸脱するものだった。他方で、専門家側もしばしば政府方針に迎合するような発言をし、必ずしも科学的に適切でない情報を発信するなど、見過ごせない問題を抱えていた。

これでは社会に不安と不信が広がっても無理はないだろう。それがかえって自粛の効果を高めたと見ることもできるが、不信に基づく行動変容は望ましいものではない。不確実な問題状況において政治に求められるのは、何よりも社会に「信頼」を醸成することである。そのために政府と専門家は、互いのあるべき関係を見つめ直し、緊張関係の中にも、協働の成果を着実に対策につなげることが重要だ。

第12章

政治を学ぶと何が見えてくるのか

学ぶポイント
- 政治学の特色は何か
- 政治と人間はどのような関係にあるのか
- 多種多様な人々の共存のための方法とは何か

1 政治の基本イメージ

これまで私たちは、民主主義や選挙、さらには税金やジェンダーといった、具体的な政治テーマについて考えてきた。これらはもちろんすべて、政治を構成する一つひとつの重要なテーマである。では、「政治そのもの」はいったいどう捉えられるだろうか。ここでみなさんに聞いてみたい。みなさんは、なぜ政治について学ぼうと思ったのか（「単位が欲しいから」という話は別にして）。

その理由は、政治（学）が何かしら役に立つという直感があったからではないか。しかし、例えば核の問題や国境の意味についてあなたが学んだところで、核廃絶へ向けて核保有国の協議が前進したり、紛争諸国間の国境問題が解消されたりするなど、事態が一挙に好転するようなことは、もちろんない。そういう意味で政治学が即席に役立つわけではない。実際、政治学を学ぶ者が得られることは、ほとんどの場合、そこではない。本章では、政治を学ぶことの意義を探るために、政治学の特色について考えたい。

政治と聞くと、何が思い浮かぶだろう。国会議事堂、霞ヶ関の官庁街、首相と各国首脳との会談、自衛隊や沖縄の米軍基地、戦争に核ミサイル、はたまた、政治家や官僚による根回しや忖度《そんたく》、汚職事件に賄賂……。どれも、私たち庶民にはどうすることもできない、手の届かない世界の出来事のようだ。私たちは、膨大な数の人々のうねりがつくり出す政治という巨大な出来事に流されるままに、それを運命のようなものとして受け入れるしかないのだろうか。

政治学のテキストによく書かれているが、政治学は決まりきった内容をもたない。その意味で、「政治学者の数だけ政治学がある」と言われる。しかし、一つの学問である以上、政治学が扱う対象には共通性があるはずだ。「近代政治学の祖」とされる**マキアヴェリ**（一四六九―一五二七年）が、『君主論』（一五三二年）において、人生を翻弄する「運命」を荒れ狂う川に喩えるなかで、政治の基本イメージを示してくれている。川の濁流は、家や畑だけでなく、私たちの生活そのものも、いとも簡単に飲み込み、押し流してしまう。しかし、と彼は言う。川は荒れ狂うことが予想されるが、平穏な時に堰や堤防を築いて、激流をうまく運河へと流し込むために備えることもできる。つまり、私たちは、豪雨までは防げないが、人間ができることを理解して対処することで、豪雨災害を軽減したり回避したりできる。

政治も同じように考えることができる。私たちは、巨大な力で人間を翻弄する政治の流れを、私たちにとっての「運命」であるかのように考えてしまう。しかし、政治がこのように見えるのは、私たちにできることとできないこととを、きちんと切り分けないからである。川の形状や気候を知ったうえで堤防を築くように、私たちを取り巻く政治の世界に対しても、まずその仕組みを知ることを通じて、回避すべきこと、対処できることも見えてくる。すべてが運命だと思われていた世界から、私たちの営みによって問題解決の余地が切り分けられてくるのである。そもそも政治の世界を作り出しているのは人間である。だから、天候や地震よりも、私たちが対処できる範囲はずっと広い。コロナ禍も同じことだろう。これまで私たち（の代表である政治家たち）は、政治が対処できることとできないこととを、きちんと切り分けて対処してきただろうか。

政治において、私たちの行動を、運命のように左右する力を**権力**という。権力は、power の日本語訳である。つまり、政治の世界で観察される「力」を権力と呼ぶ。近代以降の政治学は、この「力」を理解することを中心に展開してきたとも言える。そのため、政治の特色を探ることを目的とする本章では、次に、この権力という概念に注目して、私たちが個人として政治（学）を学ぶことの意味について考えたい。

2 「私」と政治学――権力を手がかりに

権力と聞いて、何を想像するだろう。政治家、国会議事堂、官庁街、警察に自衛隊などではないか。これらは「政治」に重なる部分が大きい。特に、国家や物理的な実力装置（警察など）の意味合いが全面に出てくるかもしれない。実際、権力とは、「Xが、Yの本来の意図に反して、Yに別の行動をさせる力」だとされるように、一七世紀以降に発展した力学の影響を受けて生じた概念なのである。だから、そうした実力を独占する国家に関係する物事が頭に浮かぶことになる。

権力の偏在

しかし、このような権力の作用は、国家と国民との間でのみ生じるのだろうか。みなさんの経験が、それを否定するに違いない。権力は、日常生活のいたるところに、例えば、学校では教師と学生との間に、サークルでは先輩と後輩との間に、会社では上司と部下との間に、家では親と子との間に、病院では医師と患者との間に見いだすことができる。権力は偏在するという生活実感に根ざしたこの見方は、例えば、フランスの哲学者M・フーコー（一九二六―八四年）の権力観を代表に現代の政治学でも支持される見方である。

このような権力の偏在は、二〇世紀以降に私たちの生存の条件となった「組織化」のなかで明確に意識される。例えば、自己紹介をする場面をイメージして欲しい。みなさんは、どのように自分を他人に伝えるだろうか。「～大学法学部一年生の……です」とか「～株式会社の……と申します」などの言葉で始める場合が多いのではないだろうか。「組織の時代」とも言われる現代を生きるなかで、ほとんどの人々が、何らかの**組織**に所属している。もちろん、所属は、○○大学の学生でバイトとしてコンビニの店員でもあり、××家の子どもでもある、というふうに一つではなく、時と場合によって使い分けて日々を過ごすが、「何らかの組織に所属する私」という自己イメージは、当たり前（自明）になっているだろう。この組織は、学校や会社のような明確な団体でない場合もある。例えば、消費社会は、私たちをその一員として組織化し、知らず知らずのうちに財やサービスの「消費者」としてそのサイクルに巻き込んでいる。さらに、社会的、文化的に、つまり人為的に形成された「女（らしさ）」、「男（らしさ）」や「長男」、「母親」といった**属性**にむりやり押し込められ分類されることもある。

このような日常の様々な場面で、私たちは、組織や属性に属する存在としての自分自身を見いだし、そこかしこで権力を経験する（例えば、「学生らしい」ふるまいを強いられる）。このように見れば、「社内政治」や「学内政治」という言葉があるように、学校、会社、家庭などあらゆる組織に政治が存在する、と考えることもできる。「権力の偏在」はまた同時に「政治の偏在」をも示す。しかし、学校や会社などで行われていることは、はたして政治そのものなのか。政治に固有の領域はないのだろうか。

政治(学)の統括性

まずは、政治（学）が対象とする範囲について、会社という組織の経営と比較して考えてみよう。会社を経営する際に経営者が考えることは、基本的に、その会社の利益に必要な事柄である。もちろん、例えば、海外との円滑な取引のためには、会社組織の内部のことだけを考えるのでは不十分で、国際情勢や為替の情報など幅広い領域に精通する必要がある。しかし、その範囲は会社や株主、従業員の利益（＝自分たちの利益）から離れない。例えば介護離職を原因とする貧困という問題は、従業員が抱える可能性のある問題であり、これによって優秀な社員が辞めてしまう場合もあるから、経営者も関心をもたざるをえなくもなるが、社会全体における介護離職や貧困の解消それ自体が会社経営の主要な関心の一つにはなりにくい。自分たちの利益に必要なことに関心の対象が限られるという点で、学校や家族といったその他の集団も同じである。

政治が対象とする範囲は、企業などのそれとは異なる。古代ギリシアの哲学者**アリストテレス**（BC・三八四―BC・三二二年）は、ここに政治や政治学の特殊性を見た。彼によれば、政治学は、戦争術や家政術といったあらゆる学問のあらゆる目的を包括する「最も統括的な学問」である。市民や兵士、政治家や家長、商人などの人間のすべての活動、生活世界を抱えこむ国家（ポリス）そのものを扱う学問が政治学（politics）である以上、人間のありとあらゆる活動領域が対象になるからである。ただし、古代ギリシアの人々にとっての生活空間は、ポリスという都市国家であったが、二一世紀に生きる私たちのそれは、国家に限られない。私たちは、日々、国境の彼方の情報を知り、世界中から運ばれてくる物資で命をつなぎ、簡単に国境を越えている。このように、現代人にとっての政治は、国家を超え、地球全体が対象となる。スマホなどに利用され、生活に欠かせない人工衛星も加えるなら、少なくとも地表から四万km彼方の宇宙空間までもが政治の対象に入る。このように、政治は、人間が生存のために関わるすべての事物を対象とする。

次に、政治（学）を学ぶ者にもたらす効果を考えてみよう。確かに、現代に生きる私たちは、学校などの組織に属し、主にそれらに順応して生きていく。しかし、時にはその組織が自分に大きな負担を強いる場合も生じる。そのとき組織は、権力性を帯びて私たちの前に立ちはだかる。その権力と向き合い対決する場合には、組織について学ぶ必要が生じ、私たちは、それにより自分自身で組織を変える可能性を手にする。組織を川に喩えるなら、それ以前はその中に沈潜し、その流れに身を任せていた組織という川の中から頭を出して、川の形などを見渡すようになる。

しかし、自分が主に所属する組織だけが、世界のすべてではない。それは大きな組織の下部組織にすぎない場合が多く、例えば企業全体の仕組みや経営を理解しても、なおそれは無数にある企業の一つであり、より大きな業界全体の、またさらに大きな経済全体の流れに翻弄される立場を大きく超えることはない。どのような世界企業も、グローバル化の激流を変えることは容易ではない。

これに対して、政治（学）は、世界全体を統括的に捉えようとする視点に学ぶ者をおく。泳いでいる川が支流かもしれないと常に疑い、その川だけでなく、その他の支流の数、本流などをも見渡そうとする。つまり、政治学を学ぶ者は、自らの前に「世界全体」をおいて向き合い、全体を相手にしようとする。これを通じて、自分が属する組織のことにばかり気をとられ、自分自身の属性の一部のみを肥大化させた、部分的・断片的人間であることから離れ（例えば「～会社の社員」としてだけ自分を見ることをやめ）、トータルな人間として自分自身を見ようとする可能性を手にする。

こうして政治学は、トータルな人間としての「私」を世界から浮かび上がらせる。これによって「私」は、世界から切り離される。例えば、他者を鏡にして自分自身を理解することに似て、世界を自分の外にある対象として学ぶことで、「私」は、それまでは一体だった世界から切断されて、個人として世界から浮き彫りになる（鏡面がきれいであるほど、私はよりくっきり映し出される）。さらに、様々なテーマを個別に学んだとしても、それぞれの内容は、個々バラバラに、互いに無関係に「私」という一個の人間の中に放置されるのではなく、深く学ぶほど、周辺分野の知識が必要になり、周辺分野の内容と結びついて、ユニークな（他人にはない）理解となって「私」の中に定着する。別々の経験や学びをもつ私たち一人ひとりは、このようにユニークな世界観をもつのだが、深く学んで世界との関係を鋭く浮き彫りにするほど、「私」は世界とより鋭く切断されて個人になる。そして、より鋭く個人であればあるほど、より包括的、より客観的に世界を捉えられるようになる。

ただし、このような政治観が、政治や権力は偏在するという前に論じた見方をしりぞけたりはしない。より小さな組織、例えば仲のいい友人同士で作ったサークルにも、政治や権力を見いだすことはやはり可能だ。ある人間関係に政治や権力があるかないかは、一義的に決まるものではなく、それを観察する者の見方によって相対的に決まるものなのである。

技術としての政治学

ところで、マキアヴェリが論じた荒れ狂う川は、人生を翻弄する運命のたとえであった。しかし、彼は続けて、運命に対する「そなえ」は可能だと言った。つまり、私たちが直面する世界は、手を加える余地のない完成品などではなく、私たちの関与によって変えることのできる未完成品なのである。ここにも政治学の特色がある。つまり、政治学は、対象を分析して、その構造を、私たちをがんじがらめにする不変の構造として理解するだけ、言い換えれば、対象を観察するだけ、で終わるものではない。政治学は、対象を不確定で変えることのできるものとして捉え、よりよいものへと変えていくために、どこを変えればよく、どこなら変えることが可能なのか、対象の構造を分析し知ろうとするという意味で、私たちの主体的な行動の余地を拡大させる「自由の学問」なのである。決壊へのそなえを築くために川の特徴を知るのと同じ**実践性**にこそ、政治学の特色がある。権力との関係で言えば、権力の濫用によって、まずは私たちの自由が現実的に奪われないために、次に私たちが権力を実際に使いこなす方法を知るために、その仕組みを知る。だから、政治学は、医学や工学と同じ**技術**（art）、ドイツの鉄血宰相**ビスマルク**（一八一五—九八年）の言葉を借りれば、人間の生活世界全体を見すえた「可能性の技術」なのである。

3 「私たち」の政治学――公共性について考える

ここまで、権力という概念を軸にして、政治学を学ぶことが私たち一人ひとりに対してもつ意味について考えてきた。しかし、政治は一人の世界では生じない。他者の存在が想定される場合にのみ、政治は生じる。つまり、政治学は、人間の**複数性**を大前提とする。

他者の存在を考慮に入れるとすぐ、政治や権力は違った顔を私たちに見せるようになる。ここまでは、政治や権力の抑圧的な側面ばかりを強調してきたが、複数の人間が、丸い地球という限られた空間で共存する以上、共存の技術としての政治は、私たちに不可欠でもある。それだけでなく、複数の人々が協力して初めて可能になる事柄もある。私一人だけで荒れ狂う川の流れのすべてを把握したとしても、その奔流からみんなが逃げ去ってしまえば、堤防や堰など築けない。

そもそも、権力という現象それ自体が、多様な人々の存在を前提にしている。すべての人々が同じ生活をして、同じ考えをもつ同質的な人々ならば、権力は発生しない。それぞれに異なるユニークな人間が複数存在するからこそ、権力を通じた強制力も必要になる。さらに、私たちの共存のためには権力が必要だと考えるからこそ、言い換えれば、そうした権力による支配に**正統性**を見いだすからこそ、私たちは、全面的ではないにしても、それに従う。静かな川と急流とでは泳ぎ方も変わってくるはずである。私たちが正統だと考える政治のあり方も、環境に合わせて変化するものである。コロナ禍のような非常時にはどんな支配のあり方が必要だろうか。

公共性

ここでは、複数の人々の間に成り立つ**公共性**という概念に着目して、「私たちの政治学」について考えたい。これは、支配の一方的な対象としての個人ではなく、政治秩序の形成に参加する主権者や、さらには為政者（政治家や役人）として私たち自身のことを考察するという意味をもつ。

わが国に暮らす人々には、「公共（public）」は、国家や地方自治体、いわゆる「お上」により担われるとする理解が根強く存在している。例えば、公共政策とか公立学校、あるいは滅私奉公などの言葉に表れている「公共」である。しかし、特に現代の政治学では、「お上」だけが公的な性質をもつとは考えない。「公共」は、もちろん「私だけ（private）」のものではない。ただし、「私」も除外しない。それは、私も含めて、私たち全員の間で成立する。公共は集団のメンバー全員が、その集団に「共通する」事柄、「私たちの問題だ」と考える事柄である。

現代の日本は、**民主主義**が定着しているとされる。貴族や武士や一部の富裕層だけが政治に関与できた過去とは異なり、一八歳以上なら選挙権の行使が保証されている今日、膨大な数の人々が投票を通じて政治に参加していることは疑いようのない事実だ。しかし、一八歳以上ならみんなが政治的な意見を投票で表明できるという事実をもって、メンバー全員に共通の問題が適切に処理されていると結論づけていいのだろうか。

民主主義では、最終的に**多数決**で決定が行われる。みなさんも小学校の頃から、「民主主義なんだから多数決で」という先生の指示をあたり前（自明）のこととして経験してきただろう。民主主義は多数決への参加で成立し、参加したのだから、その決定は私の決定であり、さらに公共性に適った決定だとされる。民主主義や公共に対する私たちの基本的なイメージは、おおよそこのように多数決に依拠している。この多数決は、「勝者総取り」の考えに基づく。例えばクラス委員長選挙で、Aさん一六票、Bさん一五票という結果になった場合、ほぼ半数が反対しているAさんが任期のすべてを委員長として務める、というのが「勝者総取り」である。これでいいのだろうか。

公共性と「多数者の専制」

一七八九年に勃発した**フランス革命**によって、近代の民主主義体制が初めて出現した後、多くの知識人たちが強く不安に感じたのは、いわばこの多数決の問題であった。特に、一八世紀から一九世紀にかけ、フランス以外のヨーロッパ諸国でも選挙権の拡大を通じて、政治参加の経験に乏しい膨大な民衆の政治参加が可能になった。知識人たちは、そのような人々が有権者の大多数を占める多数決では、政治的知識や経験豊かな（と彼らは考えた）政治エリートたちだからこそ**理性**を使って考え出せる**公共の利益**ではなく、無知な新有権者の目先の私的利益ばかりが実現されてしまうとおそれた。フランスの外務大臣も務めた**トクヴィル**（一八〇五―五九年）は、『アメリカの民主政』（一八三〇、三五年）で、ヨーロッパ各国における将来の民主主義の到来を確信しながらも、それによって「**多数者の専制**」が出現することを危ぶんだ。同時期に、イギリスの哲学者J・S・ミル（一八〇六―七三年）も『自由論』（一八五九年）で、同質的で凡庸な民衆が**少数派**（マイノリティー）に自らの意見を押しつける「世論の専制」を批判した。

「多数者の専制」という問題に直面して、知識人たちは、多様な意見を反映させることで公共性を確保するための条件を問うていった。トクヴィルは、いち早く民主主義体制となったアメリカで、平等な諸個人が孤立化して多数派の意見に屈することなく、多様な意見が確保されている条件を分析して、諸個人と国家との間に自発的な「結社」が様々に作られる同国の政治文化に、その理由の一つを見いだした。この結社は、居住する地域（タウン）の問題に市民自らが取り組む地方自治制度と陪審制とともに、「多数者の専制」に陥らないための秘訣であった。

「多数者の専制」批判は、一九世紀には、エリートの理性的で優れた意見を守ろうという意図から行われた。しかし、二〇世紀には、理性を駆使すれば唯一の真理を発見できると考える啓蒙思想が、党や指導者の絶対的な正義を喧伝する**ナチス**などの**全体主義**を生んだ、とする「近代批判」が広まった。その結果、理性的でないとされがちな少数派（理性の内容はしばしば文化的な支配層によって決められてきた）の意見をいかにして確保するのか、という問題に関心が向けられるようになった。多様な意見表明のための条件として、トクヴィルのように、多様な団体が存在することの重要性を論じる考え方を**多元主義**（**政治的多元論**）と言う。

意見の多元性を担う主体としてまず重視されたのは、様々な職業団体や企業、労働組合などの組織だった。多様な立場を代表するそうした「利益集団」同士が、特に労使関係を中心に利害を調整することで、一部による利益独占に歯止めをかけることができると考えられた。たしかに組織は、多くの人々を結集させて、個人では解決不可能な問題の解決を促すことができる。しかし、ここにも「多数者の専制」が潜んでいる。自らが所属する組織の利益と、メンバー個々人の利益が相反する場合もあるからだ。だからこそ、すでに見たように小さな組織内部にも権力を見いだせる。組織に決定権がある場合には、このような問題から逃れられない。

そうだとすると、「多数者の専制」を回避して、**多様性**を根本的な意味で実現するとすれば、その単位は個人ということになる。この点で、人間にとって「人々の間にある」ことこそが「生きる」ことを意味しており、人々の「間」にこそ公共性が現れると論じた**H・アレント**（一九〇六―七五年）の『人間の条件』（一九五八年）の議論は、重要な視座を与えてくれる。一人ひとりが徹底的に個人だということは、組織や属性に還元されない、他者と入れ換えのきかないユニークな一個の存在であることを意味する。その個人は、他者と完全には一致することのない意見をもち、他者とは重なり合わない身体を使って表現する。このような意味で、一人ひとりが個々別々に姿を現すとき、そこには必ず個別具体的な「間」（空間、場所）が生じる。そうしたユニークな個々人の存在そのものが姿を現す「間」にこそ、政治の生命が宿るのである。

多様性と決定

ところで、議論の実施を最大限尊重したとしても、多様な意見もいつかはたった一つの決定へとまとめなければならない。個人の**自由**と全体の**統合**という相反する政治的な価値の両方をできる限り尊重する決定方法を、どのように考えればよいだろうか（これは、政治学の歴史を貫くテーマである）。考慮すべきは、他者のすぐれた議論によって私たちの意見は変わりうる、ということである。個人の意見が不変だという前提に立つからこそ、**決定**における強制の側面ばかりに目が向く。言葉で他者の説得を試みる議論本来の役割に目を向けるなら、これは正しい見方ではない。

私たちの意見は、他者とのコミュニケーションを通じて変わることもあるが、もちろん、変わらないこともある。この場合、納得を得られず、合意に至ることもなく、とはいえ永遠に未決定の状態で放置してよいというわけにもいかず、時間切れなどで決定が行われることになる。現代の民主主義のもと、膨大な数の有権者全員が納得する法律の制定はほぼ不可能であるため、現実にはこうした決定が通常のものとなる。

では、あらゆる専制を回避して、「私たち全員」の間で成立し、それゆえ全員が自由を保てる決定方法はないのだろうか。私たち全員一致の決定が困難なら、重要なのは、決定の後で、その決定がいつまでも固定化され、それに反対する人にいつまでも強制力が発揮され続けることのないようにすることである。そのためには、政治的決定とは、決定後も様々な方面からの批判や改善の要求を通じて手が加えられていくべき暫定的な性質のものだ、という決定観をもつことが大切である。

二〇世紀イギリス政治学界の重鎮B・クリック（一九二九―二〇〇八年）は、『政治の弁証』（一九六二年）で、多様な意見を調停または妥協させることこそが政治であり、多様な意見を認めない専制や全体主義には政治そのものが存在しない、と論じた。政治には常に異論が不可欠なら、様々な意見が調整され決定が導かれたとしても、その決定を最終のものとはできない。状況の変化によって生じる異論に対応して、決定事項には常にバージョンアップが必要になるからである。個々人の「間」にこそ公共性が生じると考えるなら、その「間」を絶やさないために、多様な私たち一人ひとりの意見が、入れ替わり立ち替わり、人々の前に現れることが不可欠なのである。

4　政治学のすすめ

この多様な意見は、単に「言葉」を使って発せられる論理的なものだけに限られない。もちろん、言葉は最終的には最も重要なコミュニケーションの道具にはなるが、言語化された意見だけが公共性に値するものだとしてしまうと、論理的に討論できる人々の間にだけ公共が成立することになり、そうした人々だけの専制が出現するからである。民主主義が基本的な政治体制となる第一次世界大戦よりも前には、ごく一部の富裕層（しかも男性）だけに参政権があったが、それは「財産と教養」をもつ彼らだけに理性的な政治的能力があるとされていたことによる。

つまり、あらゆる専制の可能性を排除して、私たち一人ひとりの「間」を生むためには、言葉に還元されない、すべての人々の存在そのものが「間」に現れることが可能でなければならない。政治は、組織や属性、能力を超え、経験や感情や意見、さらには「姿」も含む、私たち一人ひとりの人生そのものを必要とする。かけがえのない個々人が政治に向ける、多くのユニークな視線が、完全な政策や決定などない政治の世界において、政治社会の終わりなき鍛錬をもたらすことになる。

それゆえ、できる限り多くの人が人々の「間」に現れ出て、政治に対するユニークな見方が披露されることが重要である。この意味で、「政治学者の数だけ政治学がある」と述べたが、政治学は政治学者だけのものではない。つまり、「政治（学）を学ぶ人の数だけ、政治学がある」。

だからこそ、政治学は、どこからでも、何歳からでも始められる。むしろ、様々な経験（日々の生活、新聞や読書、テレビや映画など）があればあるほど、それを元手により質の高い政治（学）の理解を得られる。これには自分自身の狭い経験を超えることが不可欠だが、豊かな経験を積んだ人ほど、これまでの自分自身を超えることの意義は明白だろう。このような意味で、政治学は「大人の学問」である。すでに述べたように、世界全体を見渡す地点に立とうとする知的な姿勢をもたらすところに政治学の醍醐味もある。だから、これから政治学を学び始める人は、どんどん様々な経験をしてほしい。今の自分から、様々に経験を積み重ねて、自らや自らを取り巻く他者を含めた世界全体をよりよく理解して、よりよいものに変えていくことを可能にするのが政治学なのである。政治学が何かしら役に立つと直感し、あなたが政治について学ぼうと思った理由は、以上述べてきたことのいずれかにあるのではないだろうか。

✎考えてみよう

コロナ禍を経験して、あなたと政治の関係で何か見えてきたことはないだろうか。

エピローグ

私たちが政治の世界とよりよくつながるために

みなさんは、本書に触れることによって、政治の世界を少しでも身近に感じることができただろうか。プロローグでも述べたように、政治は私たちに一生つきまとうものである。本書で取り上げた一二のいずれのテーマも私たちと無関係ではないはずだ。私たちの生活や生き方を方向づけている社会的な条件やルールは、政治によって決まっている。政治には私たちの生き方そのものを決める力、または変える力があり、誰もがその力から自由にはなれないのである。

新型コロナウイルスの出現は、私たちの生活に大きな変化をもたらした。国内外の移動は制限され、全国の小中高校は一斉休校が要請された。夜の飲食業はいずれも営業が制限された。政府は一人当たり一〇万円と世帯ごとに二枚の布マスクを給付した。医療機関は逼迫し、自宅療養が強いられ、充分な治療が受けられず命を失ったひともたくさんいる。これまで政治は、どこか遠い誰かの話だと考えていたひともいたかもしれない。しかし、そうではなく、政治は私たちの生活、健康、生命、社会のあり方と密接につながっていることが明らかになったのである。

政治から誰もが自由になれないとすれば、私たちは政治とどのようにつながっていけばいいのだろう。本書は、私たちと政治とのつながり、政治に関する情報や知識のつながりに着目し、具体的な問いを立て、答えを導くという方針をとった。このやり方は、なにも学問の世界に限った方法ではなく、私たちの日常生活のなかで意識して、または無意識にやっている営みである。この本のなかで示された答えはあくまでもひとつの答えであって、唯一の答えではない。答えは読者の数だけあってもいいのだ。独自のオリジナルな答えを探し出してほしい。また一冊の入門書という制約上、一二のテーマに絞ったが、政治（学）は人間社会のありようを対象にしているため、そのテーマは無限に広げることができる。本書に物足りない方は、自分の頭で問いそのものを考えてみるのもいいだろう。自分で問いを立て、自分の答えを導き出すことの難しさと楽しさをぜひ実感してもらいたい。

　政治（学）を考えるときに身につけてほしいのは、理由や証拠を大切にする習慣だ。私たちが生きている現代社会では、SNS上の匿名の投稿、テレビの報道、政治家の言動など、多様な言説があふれている。私たちは、テレビ、新聞といったマスメディアから情報を受け取る客体だけではなく、ツイッター、インスタグラム、ライン、フェイスブックといったマイメディアを使用して情報を発信する主体にもなっている。だからこそ、多様な情報に接するときには、理由や証拠の有無を確認し、常に疑う癖を身につけてほしい。なかには、デマ、フェイクニュース、ヘイトスピーチなど、事実とは異なる情報を共有、拡散したり、それが唯一の真実であると信じている人もいるかもしれない。多様で多量の情報を正しく疑い、正しく取捨選択し、そして正しく発信するためには、問いと答えを結びつける理由や証拠の中身をよく吟味することが大事である。私たちが政治の世界とよりよくつながるために身につけておきたい習慣である。

引用・参考文献

▼第1章

井手英策『18歳からの格差論─日本に本当に必要なもの』東洋経済新報社、二〇一六年

伊藤恭彦『タックス・ジャスティス─税の政治哲学』風行社、二〇一七年

神野直彦『財政のしくみがわかる本』岩波ジュニア新書、二〇〇七年

出口治明『働く君に伝えたい「お金」の教養─人生を変える5つの特別講義』ポプラ社、二〇一六年

中澤渉『なぜ日本の公教育費は少ないのか─教育の公的役割を問いなおす』勁草書房、二〇一四年

矢野眞和・濱中淳子・小川和孝『教育劣位社会─教育費をめぐる世論の社会学』岩波書店、二〇一六年

▼第2章

衛藤幹子「新自由主義の時代におけるフェミニズム、市民社会」『大原社会問題研究所雑誌』六八三・六八四号、二〇一五年

大沢真理編『ジェンダー社会科学の可能性　第2巻　承認と包摂へ─労働と生活の保障』岩波書店、二〇一一年

岡野八代『フェミニズムの政治学─ケアの倫理をグローバル社会へ』みすず書房、二〇一二年

荻野美穂『女のからだ─フェミニズム以後』岩波書店、二〇一四年

落合恵美子『21世紀家族へ─家族の戦後体制の見かた・超えかた〔第三版〕』有斐閣、二〇〇四年

金子珠理「女性活躍推進政策の背景としての『家族』言説の意味─男女共同参画の変質化プロセス」『天理大学おやさと研究年報』二三号、二〇一七年

国際IDEA（INSTITUTE FOR DEMOCRACY AND ELECTRAL ASSISTANCE）列国議会同盟、ストックホルム大学との共同プロジェクトデータベース　https://www.idea.int/data-tools/data/gender-quotas（二〇二一年一〇月一一日閲覧）

高澤美有紀「女性国会議員比率の動向」『調査と情報』八八三号、二〇一五年
竹安栄子「女性地方議員は変わったか?――自治体再編後の質的変化に着目して」『現代社会研究』一八号、二〇一五年
田村哲樹ほか『ここから始める政治理論』有斐閣、二〇一七年
辻村みよ子編『世界のポジティブ・アクションと男女共同参画』東北大学出版会、二〇〇四年
辻村みよ子編『ジェンダー社会科学の可能性 第3巻 壁を超える――政治と行政のジェンダー主流化』岩波書店、二〇一一年
辻村みよ子・三浦まり・糠塚康江『女性の参画が政治を変える――候補者均等法の活かし方』信山社、二〇二〇年
辻村みよ子・糠塚康江・谷川知恵『概説ジェンダーと人権』信山社、二〇二一年
内閣府男女共同参画局「第5次男女共同参画基本計画」二〇二〇年一二月二五日閣議決定 https://www.gender.go.jp/about_danjo/basic_plans/5th/pdf/5th_gaiyo.pdf
内閣府男女共同参画局『男女共同参画白書』令和三年度版
内閣府男女共同参画局『女性活躍・男女共同参画の現状と課題』二〇二一年一一月 https://www.gender.go.jp/research/pdf/joseikatsuyaku_kadai.pdf
比較家族史学会編『現代家族ペディア』弘文堂、二〇一五年
三浦まり編著『日本の女性議員――どうすれば増えるのか』朝日新聞出版、二〇一六年
三浦まり・衛藤幹子編著『ジェンダー・クオータ――世界の女性議員はなぜ増えたのか』明石書店、二〇一四年
三成美保編『ジェンダーの比較法史学――近代法秩序の再検討』大阪大学出版会、二〇〇六年
三成美保ほか『ジェンダー法学入門〔第2版〕』法律文化社、二〇一五年
宮畑健志「女性議員の増加を目的とした措置――諸外国におけるクオータ制の事例」『レファレンス』六五巻一一号、二〇一五年
森山至貴『LGBTを読みとく――クィア・スタディーズ入門』ちくま新書、二〇一七年
矢澤澄子「女たちの市民運動とエンパワーメント――ローカルからグローバルへ」鎌田とし子ほか編『講座社会学14

ジェンダー』東京大学出版会、一九九九年
列国議会同盟 https://www.ipu.org/our-impact/gender-equality
WORLD ECONOMIC FORUM "The Global Gender Gap Report 2021" https://jp.weforum.org/reports/the-global-gender-gap-report-2021（二〇二一年一一月一日閲覧）

▼第3章

今井照『「平成大合併」の政治学』公人社、二〇〇八年
今井照『地方自治講義』ちくま新書、二〇一七年
上田道明『自治を問う住民投票―抵抗型から自治型の運動へ』自治体研究社、二〇〇三年
江藤俊昭『地方議会改革―自治を進化させる新たな動き』学陽書房、二〇一一年
小田切徳美『農山村は消滅しない』岩波新書、二〇一四年
金井利之『コロナ対策禍の国と自治体―災害行政の迷走と閉塞』ちくま新書、二〇二一年
チューリップテレビ取材班『富山市議はなぜ14人も辞めたのか―政務活動費の闇を追う』岩波書店、二〇一七年
平井一臣『首長の暴走―あくね問題の政治学』法律文化社、二〇一一年
増田寛也編著『地方消滅―東京一極集中が招く人口急減』中公新書、二〇一四年
山下祐介・金井利之『地方創生の正体―なぜ地域政策は失敗するのか』ちくま新書、二〇一五年

▼第4章

明田川融『日米地位協定―その歴史と現在』みすず書房、二〇一七年
新垣勉「米軍基地と日米地位協定―問題点と改正の方向」沖縄国際大学公開講座委員会編『基地をめぐる法と政治（沖縄国際大学公開講座15）』沖縄国際大学公開講座委員会、二〇〇六年
池尾靖志・伊波洋一・井原勝介『地域から平和をきずく―オキナワ・イワクニからみた日本』晃洋書房、二〇一〇年
梅林宏道『在日米軍―変貌する日米安保体制』岩波新書、二〇一七年

遠藤乾「安全保障論の転回」遠藤誠治・遠藤乾編『安全保障とは何か（シリーズ日本の安全保障1）』岩波書店、二〇一四年
ピース・アルマナック刊行委員会編『ピース・アルマナック2021―核兵器と戦争のない地球へ』緑風出版、二〇二一年
布施祐仁『日米密約―裁かれない米兵犯罪』岩波書店、二〇一〇年
防衛省『令和3年版　防衛白書―日本の防衛』二〇二一年
前田哲男・林博史・我部政明編『〈沖縄〉基地問題を知る事典』吉川弘文館、二〇一三年
前泊博盛編著『本当は憲法より大切な「日米地位協定入門」』創元社、二〇一三年
宮城秋乃「汚された世界遺産候補地―北部訓練場返還地」新垣毅ほか『これが民主主義か？―辺野古新基地に〝NO〟の理由』影書房、二〇二一年
山本章子『日米地位協定―在日米軍と「同盟」の70年』中公新書、二〇一九年
吉田敏浩『密約―日米地位協定と米兵犯罪』毎日新聞社、二〇一〇年

▼第5章

今井照・自治総研編『原発事故自治体からの証言』ちくま新書、二〇二一年
佐藤栄佐久『福島原発の真実』平凡社新書、二〇一一年
中村尚樹『占領は終わっていない―核・基地・冤罪そして人間』緑風出版、二〇一七年
保阪正康『日本原爆開発秘録』新潮文庫、二〇一五年
堀川惠子『原爆供養塔―忘れられた遺骨の70年』文藝春秋、二〇一五年
山岡淳一郎『原発と権力―戦後から辿る支配者の系譜』ちくま新書、二〇一一年
山崎正勝『日本の核開発―原爆から原子力へ』績文堂出版、二〇一一年
山本昭宏『核と日本人―ヒロシマ・ゴジラ・フクシマ』中公新書、二〇一五年
山本義隆『近代日本一五〇年―科学技術総力戦体制の破綻』岩波新書、二〇一八年

吉岡斉『新版　原子力の社会史―その日本的展開』朝日新聞出版、二〇一一年

▼第6章
上村雄彦編『グローバル協力論入門―地球政治経済論からの接近』法律文化社、二〇一四年
鯨岡仁『ドキュメントTPP交渉―アジア経済覇権の行方』東洋経済新報社、二〇一六年
ジョセフ・E・スティグリッツ（楡井浩一訳）『世界に格差をバラ撒いたグローバリズムを正す』徳間書店、二〇〇六年
詫摩佳代『人類と病―国際政治から見る感染症と健康格差』中公新書、二〇二〇年
中川淳司『WTO―貿易自由化を超えて』岩波新書、二〇一三年
ウルリッヒ・ベック（山本啓訳）『世界リスク社会』法政大学出版局、二〇一四年
デヴィッド・ヘルド編（中谷義和監訳）『グローバル化とは何か―文化・経済・政治』法律文化社、二〇〇二年
水島治郎『ポピュリズムとは何か―民主主義の敵か、改革の希望か』中公新書、二〇一六年
Macdonald, Terry. *Global Stakeholder Democracy: Power and Presentation Beyond Liberal States*. Oxford University Press, 2008.

▼第7章
荒井信一『空爆の歴史―終わらない大量虐殺』岩波新書、二〇〇八年
ベネディクト・アンダーソン（白石さや・白石隆訳）『増補　想像の共同体―ナショナリズムの起源と流行』NTT出版、一九九七年
内海愛子『日本史リブレット68　戦後補償から考える日本とアジア〔第二版〕』山川出版社、二〇一〇年
内海愛子ほか『戦後責任―アジアのまなざしに応えて』岩波書店、二〇一四年
大澤真幸・姜尚中編『ナショナリズム論・入門』有斐閣、二〇〇九年
大沼保昭『「慰安婦」問題とは何だったのか―メディア・NGO・政府の功罪』中公新書、二〇〇七年

大沼保昭・江川紹子『「歴史認識」とは何か―対立の構図を超えて』中公新書、二〇一五年
木村幹『日韓歴史認識問題とは何か―歴史教科書・「慰安婦」・ポピュリズム』ミネルヴァ書房、二〇一四年
熊谷奈緒子『慰安婦問題』ちくま新書、二〇一四年
栗原俊雄『戦後補償裁判―民間人たちの終わらない「戦争」』NHK出版新書、二〇一六年
国際法事例研究会『日本の国際法事例研究6　戦後賠償』ミネルヴァ書房、二〇一六年
宍戸伴久「資料：戦後処理の残された課題―日本と欧米における一般市民の戦争被害の補償」『レファレンス』五八巻一二号、二〇〇八年
高原基彰『不安型ナショナリズムの時代―日韓中のネット世代が憎みあう本当の理由』新書y、二〇〇六年
田中宏ほか『未解決の戦後補償―問われる日本の過去と未来』創史社、二〇一二年
中野晃一『右傾化する日本政治』岩波新書、二〇一五年
永野慎一郎・近藤正臣編『日本の戦後賠償―アジア経済協力の出発』勁草書房、一九九九年
中山武敏ほか『戦後70年・残される課題―未解決の戦後補償Ⅱ』創史社、二〇一五年
橋川文三『ナショナリズム―その神話と論理』ちくま学芸文庫、二〇一五年（初出は一九六八年）
秦郁彦『南京事件―「虐殺」の構造〔増補版〕』中公新書、二〇〇七年
服部龍二『外交ドキュメント　歴史認識』岩波新書、二〇一五年
林博史『BC級戦犯裁判』岩波新書、二〇〇五年
前田哲男『新訂版　戦略爆撃の思想―ゲルニカ、重慶、広島』凱風社、二〇〇六年
吉澤文寿『日韓会談1965―戦後日韓関係の原点を検証する』高文研、二〇一五年
吉田裕『日本人の戦争観―戦後史のなかの変容』岩波現代文庫、二〇〇五年（初出は一九九五年）
吉田裕「せめぎあう歴史認識」成田龍一・吉田裕編『記憶と認識の中のアジア・太平洋戦争―岩波講座アジア・太平洋戦争　戦後篇』岩波書店、二〇一五年
吉田裕『日本軍兵士―アジア・太平洋戦争の現実』中公新書、二〇一七年
吉見俊哉『ポスト戦後社会（シリーズ日本近現代史⑨）』岩波新書、二〇〇九年

吉見義明『従軍慰安婦』岩波新書、一九九五年
和田春樹『慰安婦問題の解決のために―アジア女性基金の経験から』平凡社新書、二〇一五年

▼第8章

岩下明裕編著『日本の国境・いかにこの「呪縛」を解くか（スラブ・ユーラシア叢書8）』北海道大学出版会、二〇一〇年
岩下明裕編著『領土という病―国境ナショナリズムへの処方箋』北海道大学出版会、二〇一四年
岩下明裕・花松泰倫編著『国境の島・対馬の観光を創る（ブックレット・ボーダーズ1）』北海道大学出版会、二〇一四年
遠藤乾『欧州複合危機―苦悶するEU、揺れる世界』中公新書、二〇一六年
川久保文紀「ボーダーレスな世界とボーダーフルな世界―フィルターとしての国境」『地理』六一巻五号、二〇一六年
杉田敦『境界線の政治学〔増補版〕』岩波現代文庫、二〇一五年
芹田健太郎『日本の領土』中公文庫、二〇一〇年
永留久恵『対馬国志　第3巻　近代・現代編　戦争と平和の国際交流』交隣舎出版企画、二〇〇九年
花松泰倫「対馬・釜山のボーダーツーリズムの展開―境界地域の資源としての国境」『地理』六一巻八号、二〇一六年
古川浩司「日本の境界地域を考える」『地理』六一巻七号、二〇一六年
宮本雅史編著『対馬が危ない―対馬を席巻する韓国資本』産経新聞出版、二〇〇九年
山﨑孝史『政治・空間・場所―「政治の地理学」にむけて〔改訂版〕』ナカニシヤ出版、二〇一三年
山﨑孝史「境界、領域、『領土の罠』―概念の理解のために」『地理』六一巻六号、二〇一六年
山田吉彦『国境の人びと―再考・島国日本の肖像』新潮社、二〇一四年

▼第9章
有馬晋作『暴走するポピュリズム―日本と世界の政治危機』筑摩書房、二〇二一年
小熊英二『日本社会のしくみ―雇用・教育・福祉の歴史社会学』講談社現代新書、二〇一九年
苅部直『丸山眞男―リベラリストの肖像』岩波新書、二〇〇六年
田澤晴子『吉野作造―人世に逆境はない』ミネルヴァ書房、二〇〇六年
松尾尊兊・三谷太一郎・飯田泰三編『吉野作造選集』（全一六巻）岩波書店、一九九五―九七年
松沢弘陽・植手通有編『丸山眞男集』（全一七巻）岩波書店、一九九五―九七年
丸山眞男『自己内対話　3冊のノートから』みすず書房、一九九八年
山口定『ファシズム』岩波現代文庫、二〇〇六年

▼第10章
加藤秀治郎『日本の選挙―何を変えれば政治が変わるのか』中公新書、二〇〇三年
蒲島郁夫『政治参加』東京大学出版会、一九八八年
坪郷實編著『比較・政治参加』ミネルヴァ書房、二〇〇九年

▼第11章
伊藤裕香子『消費税日記―検証　増税786日の攻防』プレジデント社、二〇一三年
加藤淳子『税制改革と官僚制』東京大学出版会、一九九七年
厚生労働省編『平成二四年版厚生労働白書―社会保障を考える』二〇一二年
清水真人『財務省と政治―「最強官庁」の虚像と実像』中公新書、二〇一五年
早川誠『代表制という思想』風行社、二〇一四年
真渕勝『大蔵省統制の政治経済学』中央公論社、一九九四年
宮本太郎『福祉政治―日本の生活保障とデモクラシー』有斐閣、二〇〇八年

森政稔『変貌する民主主義』ちくま新書、二〇〇八年
森政稔『迷走する民主主義』ちくま新書、二〇一六年
薬師寺克行『現代日本政治史―政治改革と政権交代』有斐閣、二〇一四年

▼第12章

有賀弘・阿部斉・斎藤真『政治―個人と統合〔第二版〕』東京大学出版会、一九九四年
アリストテレス（牛田徳子訳）『政治学』京都大学学術出版会、二〇〇一年
ハンナ・アレント（志水速雄訳）『人間の条件』ちくま学芸文庫、一九九四年
宇野重規『西洋政治思想史』有斐閣、二〇一三年
クリック（前田康博訳）『政治の弁証』岩波書店、二〇一四年
齋藤純一『公共性』岩波書店、二〇〇〇年
遠山隆淑『妥協の政治学―イギリス議会政治の思想空間』風行社、二〇一七年
トクヴィル（松本礼二訳）『アメリカのデモクラシー』岩波文庫、二〇〇五年
フーコー（小林康夫・石田英敬・松浦寿輝編集）『フーコー・コレクション4　権力・監禁』ちくま学芸文庫、二〇〇六年
J・S・ミル（関口正司訳）『自由論』岩波文庫、二〇二〇年

あとがき

本書は、政治学を初めて学ぶ学生や市民の方々を対象にした政治学テキストである。現実政治との接点を意識しつつ、関連する専門領域における近年の議論も踏まえ、一二の問いへの解説というスタイルを採用した。編者の一人である平井以外は、若手・中堅の研究者が執筆者として参加し、企画段階で行った研究会での議論を踏まえ、二〇一九年春に完成した。

初版刊行から三年が経ち、その間新型コロナウイルスが世界を襲い、日本では安倍政権から菅政権を経て岸田政権へと目まぐるしく変化した。今回の改訂版は、こうした変化を踏まえて初版の内容を見直し加筆修正を行ったものである。また、本書での学びをさらに発展させる目的から各章末に「考えてみよう」を設けた。さらに、コロナ禍に関わるトピックをコラムという形で加えることにした。厳しい字数の制約にもかかわらずコラムを執筆していただいた方々に感謝申し上げたい。

ネットに溢れる情報に見られるように、現在は多くの情報を簡単に入手でき、また、自ら発信もできる時代である。それは同時にフェイクニュースに絡めとられるリスクの増大を意味してもいるし、自身が他人を貶めたり傷つけたりする可能性があることも否定できない。本書を手がかりとして、参考文献として紹介した書籍へと学びの世界を広げ、地に足のついた思考を通して政治の世界に接近していっていただければ幸いである。

二〇二二年一月　　編　者

花松泰倫（はなまつ　やすのり）　第８章
①九州国際大学法学部（国境学、境界研究）
②政治や社会の問題に正解の答えなどありません。私たちの社会そのものがデタラメだからです。そんな複雑多様な世界に生きる一人の人間として、本書を通して自分だけの答えを出す楽しさを掴んでもらえたらと思います。

藤村一郎（ふじむら　いちろう）　第９章
①鹿児島大学（日本政治外交史・思想史）
②人間、生きていくためには「生業」(なりわい)と「勤め」(つとめ)が必要です。お金になる仕事(生業)ばかりやっていても生きていくのは厳しいです。住居周辺・地域社会の人間関係や公共について、考え行動すること(勤め)なしには難しいのです。政治というのは「勤め」の延長線上にあることをわかっていただきたいなと思います。

篠原　新（しのはら　はじめ）　第10章
①広島修道大学国際コミュニティ学部（日本政治・政治過程論）
②現在でも、日本では当たり前の選挙を行っていない国が多くあります。選挙という視点から世界を眺めると、選挙で投票できることの貴重さや投票に行かないことの「もったいなさ」を感じられるのではないかと思います。

原　清一（はら　せいいち）　第11章
①志学館大学法学部（政治学）
②自然現象であれ、科学技術の話であれ、テレビドラマのストーリーであれ、一見無関係な事柄と事柄が、実は「つながっている」とわかるのは面白いものです。政治学も、ぜひ「つながり」を意識して学んでください。

遠山隆淑（とおやま　たかよし）　第12章
①熊本高等専門学校リベラルアーツ系（西洋政治思想史・政治学史）
②「あたり前（＝自明)」を疑うことが学問の出発点です。そこから私たちは自力で考えて、自由にもなれます。ぜひ人間の世界を包括的に捉える政治学を学んで、様々な「あたり前」を疑う術を身につけてみてください。

■著者紹介（執筆順。①所属（専門分野）、②ひと言）

平井一臣（ひらい　かずおみ）　編者、プロローグ・第3章・第5章
①鹿児島大学（日本政治史、地域政治）
②歴史の大きな変化のなかで変容を迫られる大学。にもかかわらず、あるいは、であるからこそ、大学、学問、政治学の使命は何か。日々思い悩む毎日です。

土肥勲嗣（どい　くんじ）　編者、第1章・エピローグ
①久留米大学法学部（政治学）
②身体の真ん中にあるヘソは私たちが母親とつながっていた証拠です。目には見えにくいですが、私たちは色々な形で他者とつながっています。この本が読者と他者のつながりを考えるきっかけになってくれればうれしいです。

宇野文重（うの　ふみえ）　第2章
①尚絅大学現代文化学部（家族法史、日本法制史）
②勤務先の女子大学の講義でジェンダーやマイノリティーについて取り上げると、みんな真剣なまなざしで聴いてくれることに心強さを感じています。若いみなさんには、社会と自分自身の「多様性」に、可能性と希望を感じてほしいです。

池上大祐（いけがみ　だいすけ）　第4章
①琉球大学国際地域創造学部（アメリカ現代史、太平洋島嶼現代史）
②安全保障について考えることは、単に軍事に詳しくなる、ということ以上に私たちの日常生活の在り方、今後の生存の在り方を考えるための素地になります。一歩ずつ、米軍基地をめぐる様々な難題と向き合っていきましょう。

渡邉智明（わたなべ　ともあき）　第6章
①福岡工業大学社会環境学部（国際政治学、環境政策）
②今日までグローバル化が急速に進んできましたが、トランプ大統領の登場などによって、世界の動向が不透明になっています。こういう時代だからこそ、政治の役割を見つめ直すことが必要になっていると思います。

山田良介（やまだ　りょうすけ）　第7章
①九州国際大学現代ビジネス学部（政治史・日韓関係）
②「つながる」形はいろいろあります。韓国や中国との関係では歴史問題などによる対立に目がいきがちですが、日本とアジアの国々との人の往来は拡大しています。このような「つながり」にも目を向ける必要があります。

Horitsu Bunka Sha

つながる政治学〔改訂版〕
――12の問いから考える

2019年3月1日　初　版第1刷発行
2022年3月15日　改訂版第1刷発行

編　者　平《ひら》井《い》一《かず》臣《おみ》・土《ど》肥《い》勲《くん》嗣《じ》

発行者　畑　　光

発行所　株式会社　法律文化社

〒603-8053
京都市北区上賀茂岩ヶ垣内町71
電話 075(791)7131　FAX 075(721)8400
https://www.hou-bun.com/

印刷：㈱冨山房インターナショナル／製本：㈱藤沢製本
装幀：いのうえしんぢ

ISBN 978-4-589-04196-8

©2022 K. Hirai, K. Doi Printed in Japan

乱丁など不良本がありましたら、ご連絡下さい。送料小社負担にてお取り替えいたします。
本書についてのご意見・ご感想は、小社ウェブサイト、トップページの「読者カード」にてお聞かせ下さい。

JCOPY 〈出版者著作権管理機構 委託出版物〉

本書の無断複写は著作権法上での例外を除き禁じられています。複写される場合は、そのつど事前に、出版者著作権管理機構（電話 03-5244-5088、FAX 03-5244-5089、e-mail: info@jcopy.or.jp）の許諾を得て下さい。

坂本治也・石橋章市朗編

ポリティカル・サイエンス入門

Ａ５判・二四〇頁・二六四〇円

現代政治の実態を考える政治学の入門書。政治に関する世間一般の誤解や偏見を打ち破り、政治学のおもしろさを伝え、政治を分析する際の視座を提示する。コラムや政治学を学ぶためのおススメ文献ガイドも収録。

森本哲郎編

現代日本政治の展開
―歴史的視点と理論から学ぶ―

Ａ５判・二八〇頁・三〇八〇円

第Ⅰ部で、政党・官僚・利益団体など主体を、第Ⅱ部で、国会・選挙・政策過程など主体の動態を描いた日本政治の体系的概説書。戦後政治の展開を歴史的視点から考察し、政治動態を捉える視座を提供。『現代日本の政治』改題改訂版。

仲正昌樹編

政治思想の知恵
―マキャベリからサンデルまで―

Ａ５判・二五二頁・二七五〇円

基礎知識や概念をしっかりと解説しつつコンパクトにまとめた政治思想の入門テキスト。ホッブズ、ロック、ルソー、スミス、カント、ベンサム、ミルら総勢一四人の代表的思想家をとりあげ、古来の叡智に対する読者の興味を喚起する。

上田道明編

いまから始める地方自治

Ａ５判・二二四頁・二六四〇円

面白く新しい試みがいま各地で始まり、実際にまちの景色が変わりつつある。知恵を出しあって進められている実践事例から考える、やさしく読みやすい地方自治論のテキスト。町内会のことから地方財政の話まで、幅広い視点で地域をとらえる。

佐藤史郎・上野友也・松村博行著

はじめての政治学〔第３版〕

Ａ５判・一六〇頁・二二〇〇円

政治を自分たちの問題として身近に感じられるように平易でわかりやすい文章で解説し、イラスト・図表にて概念を整理する。旧版刊行以降の政治動向を踏まえ全面的に補訂。

法律文化社

表示価格は消費税10％を含んだ価格です